Angelika Herret · Gottfried Klima

Jesus lädt uns Kinder ein

Ideen und Tipps für Begleiter/innen zur Vorbereitung auf die Erstkommunion

Tyrolia-Verlag · Innsbruck-Wien

Inhalt

Liebe Begleiterinnen und Begleiter!

„Jesus lädt uns Kinder ein" lautet der Titel unseres Behelfes: Jesus hat in seinem Leben neue Maßstäbe gesetzt, er hat sich nicht um die Wertschätzung der Mächtigen und Großen gekümmert, sondern er wollte allen die Botschaft bringen, dass Gott wie ein liebender Vater oder eine liebende Mutter zu uns ist, dass das Reich Gottes dort beginnt, wo die Liebe herrscht, ja dass wir in Gott geborgen und getragen sind.

„Dass Gott ein Tätigkeitswort werde", diesen Wunsch hat der Schweizer Pfarrer Kurt Marti einmal ausgesprochen, damit Gott nicht nur ein abstraktes Wesen, sondern spürbares Ereignis wird. Daran möchten wir mit diesem Behelf anschließen, dessen Grundthema von unserer Überzeugung erzählt: *„Gott tut gut!"* – Diese unsere Erfahrung möchten wir mit dem Behelf an Kinder vermitteln. Denn wo Menschen mit dem lebendigen, dreifaltigen Gott in Berührung kommen und Schritte in seine Nähe machen, da tut ihnen das gut. Die Begegnung mit Gott bringt uns der zentralen Wahrheit unseres Lebens näher: dass wir Menschen geliebt sind, noch bevor wir etwas leisten können, und auch trotz aller Mängel und aller Schuld, die uns vielleicht belastet. Diese unverbrüchlich treue Liebe Gottes zu empfangen, das tut spürbar gut. Das ist der Ausgangspunkt unseres Glaubens: sich beschenken lassen, und nicht Leistung und Druck. Die Feier der Eucharistie bringt diese Wirklichkeit zum Ausdruck, macht sie zum erfahrbaren Erlebnis in den Gestalten von Wein und Brot.

Wo Liebe ernst gemeint ist und ernst genommen wird, da ruft sie nach einer Antwort. Wie Gott uns liebt, so sollen auch wir ihn, einander und uns selbst lieben. Und jede/r, der/dem das schon einmal ansatzweise gelungen ist, weiß: Auch das tut gut. Denn: Dazu hat Gott uns geschaffen und das ist der tiefste Sinn unseres Leben. Wir hoffen, dass unsere Ideen und Modelle Ihnen eine Hilfe dabei sind, Kindern in diesem Sinne Erfahrungen zu ermöglichen:

– *Es tut gut zu hören, wie Jesus mit den Menschen umgegangen ist.*
– *Es tut gut zu spüren: Gott vergibt mir, wenn ich etwas falsch gemacht habe.*
– *Es tut gut, die liebende Hingabe Jesu in der hl. Kommunion zu empfangen.*
– *Es tut gut, durch die Begegnung mit Jesus verwandelt zu werden.*
– *Und es tut gut, Gottes Liebe anderen weiterzuschenken.*

Dass es Ihnen in Ihrem Engagement geschenkt wird, Kindern die Erfahrung des Mensch gewordenen Gottes, der uns gut tut, zu vermitteln, das wünschen Ihnen

Angelika Herret,
Gottfried Klima

Methodik

Dieser Kurs gliedert sich in 8 Kapitel, die jeweils für eine Doppelstunde konzipiert sind, aber auch getrennt als 16 Einzelstunden angeboten werden können. Wir möchten Sie dazu ermutigen, mit den Impulsen frei und kreativ umzugehen und aus dem Angebotenen das für Sie Passende auszuwählen. Wenn Sie das Kursheft für die Kinder (gelber Einband) zur Hand nehmen, werden Sie schnell sehen, dass jede Einheit zwei Teile umfasst: zunächst die Seiten, welche die Kinder in der Gruppenstunde ausfüllen und gestalten können, sodann Familienseiten mit Anregungen für Spiele und Aktionen daheim in der Familie zur Vertiefung der Themen und zum gemeinsamen Gespräch darüber. Hier im Begleiterheft finden Sie die methodischen Angaben zur Gestaltung der einzelnen Vorbereitungsstunden in der Kommuniongruppe und den entsprechenden thematischen Hintergrund dazu.
Sicher bedeutet es für Familien eine Herausforderung, im Trubel des Alltags diese Anregungen unterzubringen. Wir halten es aber für sehr sinnvoll, wenn neben den Kommunionstunden eine Begleitung in den Familien erfolgt. Deshalb scheint es uns wichtig, diese Idee den Eltern etwa bei einem Elternabend näher zu bringen und sie zur Mitarbeit einzuladen. Denn das kann auch neue Impulse für das Familienleben bringen und zu einem verständnisvolleren Miteinander führen.
Wichtig scheint uns auch, dass die Kinder in den Kommunionstunden im Mittelpunkt stehen. Sie sollten immer wieder die Gelegenheit haben, ihre Erfahrungen und Erlebnisse zu erzählen. Offenheit und Sensibilität sind dabei sehr wichtig.
Im Hinblick darauf, dass in der Kommunionvorbereitung überwiegend Frauen mitarbeiten, haben wir für die Gruppenleitung (GL) hier stets die weibliche Formulierung gewählt. Die Männer sind dabei natürlich immer mitgemeint!

Dieser Kurs versucht durch eine Vielfalt an unterschiedlichen Methoden den Glauben abwechslungsreich und lebensnah zu vermitteln. Um die Orientierung zu erleichtern, werden die verschiedenen Aktionsformen in diesem Heft wie auch im Kommunionheft durch folgende Piktogramme symbolisiert:

Aktion

Gespräch

Erzählungen aus der Bibel

Geschichte

Gebet/Stilleübung

Basteln/Malen

Woran wir glauben

1. Miteinander unterwegs – ich und die anderen

Themen und Inhalte

– einander kennen lernen
– voneinander erfahren: Was magst du gerne und was gefällt dir nicht?
– Gemeinsamkeiten und Unterschiede bemerken
– erfahren: Jeder ist einzigartig und wertvoll
– Was ist wichtig für eine Gemeinschaft? Wie kann sie gelingen, so dass sich alle wohl fühlen?
– eine Gruppenkerze basteln als Zeichen unserer Gemeinschaft
– Gott für die schönen gemeinsamen Erlebnisse danken

Material

– ein großes Plakat mit einem aufgemalten bunten Regenbogen. Dieses Plakat wird in der 4. Einheit nochmals benötigt!
– 3 Kärtchen mit folgenden Aufschriften: *„Ja, das stimmt!“; „Nein, stimmt nicht!“; „Ich weiß es nicht genau.“*
– verschiedene bunte Murmeln (mindestens doppelt so viele wie Kinder in der Gruppe)
– Stifte
– Gruppenkerze, Wachsplatten, Schere
– Packpapier
– Liedernoten
– für jedes Kind das Kinder/Eltern-Heft

So heiße ich!

Wenn alle Kinder im Sesselkreis versammelt sind, legt die Gruppenleiterin (künftig: GL) ein großes, buntes Plakat in die Mitte. Darauf ist ein Regenbogen zu sehen. (Falls schon feststeht, unter welchem Thema oder Symbol die Feier der Erstkommunion stehen wird, kann auch dieses Symbol schon aufgemalt sein, wichtig ist nur, dass auf dem Bild auch die Farben des Regenbogens vorkommen.)
Die GL lädt nun die Kinder ein, ihren Namen nacheinander auf das Plakat zu schreiben, und zwar auf die Farbe, die dem jeweiligen Kind am besten gefällt.
Jedes Mal, wenn ein Kind seinen Namen aufgeschrieben hat, wird es von der ganzen Gruppe mit einem herzlichen: *„Hallo .... (z. B. Thomas)!“* begrüßt.
GL: Nun wissen wir schon einiges voneinander, nämlich, wie wir heißen und welche Farbe jede/r von uns am liebsten mag. Aber wir sind ja neugierig und wollen noch viel mehr voneinander wissen, schließlich werden wir uns jetzt noch oft treffen, um uns gemeinsam auf das Fest der Erstkommunion vorzubereiten. Daher machen wir gleich ein Spiel miteinander!

Ecken begrüßen

In 3 Ecken des Raumes hängen schon Zettel, auf denen Folgendes steht:
– *Ja, das stimmt!*
– *Nein, stimmt nicht!*
– *Ich weiß es nicht genau.*

Die GL ruft nun immer einen Satz und jedes Kind überlegt sich: *Stimmt dieser Satz für mich?* Dann läuft jedes Kind in die Ecke mit der jeweiligen Aufschrift. Die Kinder werden angeleitet, aufmerksam herumzuschauen, wer mit ihnen in der jeweiligen Ecke steht. Dadurch erfahren wir schon einiges voneinander und wissen, wer ähnliche Interessen hat.

Mögliche Sätze:
– *Ich esse gerne Schokoladeeis!*
– *Meine Lieblingsfarbe ist Rot!*
– *Ich schwimme gerne!*
– *Gameboy spielen finde ich super!*
– *In die Kommunionvorbereitungsgruppe geh ich gerne!*
– *Ich mag Pferde!*

Murmelmeditation

GL: Nun sind wir herumgelaufen und haben viel voneinander erfahren: Wer welche Dinge gerne mag und welche nicht. Wir haben gemerkt, dass jede/r von uns andere Dinge mag und nicht mag, manchmal sind wir gleich und manchmal sind wir ganz verschieden. So wie die Farben des Regenbogens verschieden sind. Wir setzen uns wieder in den Sesselkreis. Die GL verteilt verschiedenartige bunte Murmeln rund um den Regenbogen herum (mindestens doppelt so viele, wie Kinder in der Gruppe sind). Zur Einführung in die nun folgende Stilleübung sagt die GL:

GL: Ich will mit euch ausprobieren, wie es ist, wenn wir ganz still sind. Setz dich einmal bequem hin und atme tief ein und langsam wieder aus. Wer mag, kann noch einmal seine Arme ganz hoch strecken und dann wieder locker herunterhängen lassen.

Ich werde jetzt ansagen, was du tun kannst. Es ist ganz wichtig, dass dabei nicht geredet wird. Sei also bitte ganz leise und schau dir einmal die schönen, bunten Murmeln an. Nun steh auf und geh vorsichtig herum, stoße bei niemandem an und schau dir alle Murmeln genau an, jede schaut ein bisschen anders aus. Langsam und neugierig betrachtest du alle Murmeln ... Und vielleicht gibt es eine, die dir besonders gefällt? ... Schau dich noch ein bisschen um, dann darfst du dir die Murmel nehmen, die du am schönsten findest. Lass dir ruhig Zeit dabei, es sind genug Murmeln für alle da, du wirst die finden, die für dich gerade am tollsten ist ...

Wenn jedes Kind eine Murmel hat, stellen wir uns im Kreis auf. Die GL erklärt weiter:

Nun schau dir deine Murmel genau an, dreh sie ein bisschen herum, vielleicht möchtest du sie gegen das Fenster halten und schauen, wie schön bunt sie glitzert. Fühle, wie glatt sie ist, vielleicht war sie zuerst ein bisschen kalt und inzwischen hat sie sich durch deine Hand erwärmt ... Und nun lege bitte die Kugel wieder an ihren Platz zurück, schau sie dir noch einmal gut an und dann setz dich bitte selber wieder an deinen Platz zurück.

Wenn alle Kinder wieder sitzen, soll jedes Kind kurz die Gelegenheit haben, zu erzählen, was an seiner Murmel so besonders war und wie es sich angefühlt hat, diese Murmel zu halten und zu betrachten. Natürlich wäre es schön, wenn den Kindern gesagt wird, dass sie am Ende der Stunde „ihre“ Murmel mit zu sich nach Hause nehmen dürfen!

Ich bin einzigartig und kostbar

Nun wechseln wir den Platz und setzen uns um einen Tisch herum. Die GL erklärt den Kindern, dass jede/r eine Murmel ausgesucht hat, die für ihn/sie besonders schön und wertvoll war, weil sie einzigartig und toll ist.
GL: So ähnlich wie bei den Murmeln ist es auch mit uns Menschen: Jede/r von uns ist besonders schön und kostbar und jede/r von uns ist einzigartig und toll. Wir haben gesehen, dass jede/r ein bisschen anders ist, wir mögen verschiedene Dinge und jede/m von uns hat eine andere Murmel besonders gut gefallen.
Jedes Kind erhält nun sein Kommunionheft und darf erst mal ein bisschen darin blättern. Die Kinder können auf der ersten Seite ihren Namen bunt eintragen, dabei werden auch allfällige Fragen der Kinder beantwortet.

GL: In den folgenden Stunden werden wir jeweils etwas ins Erstkommunionheft schreiben oder zeichnen. Damit fangen wir jetzt gleich an!
Auf Seite 2 findest du im Heft eine Zeichnung.
Die GL bittet nun die Kinder, in diese Figur hineinzuschreiben oder hineinzuzeichnen, was jede/r gerne hat und was ihn/sie einzigartig macht. Auf jeden Fall gehört dazu der Name, folgende Fragen können als Anregung dienen:
- *Welche Augen- oder Haarfarbe hast du?*
- *Welche Dinge machst du gerne?*
- *Wie heißen deine Eltern oder Geschwister?*
- *Was sind deine Lieblingsspeisen?*

Natürlich dürfen die Kinder dann auch herumgehen und neugierig nachschauen, was denn die anderen Kinder da so schreiben und zeichnen. Die GL kann Gespräche dazu anregen:
- *Schaut, ihr mögt beide Pferde gern ...*
- *Ja, deine blauen Augen finde ich auch besonders schön ...*
- *Toll, du gehst gerne wandern? Ich auch!*

Wenn alle fertig sind, werden die Kinder noch auf die Familienseiten auf Seite 4 + 5 hingewiesen. Schön wäre es, wenn die Kinder mit ihren Eltern bis zur nächsten Stunde die Seiten anschauen und die eine oder andere Anregung (Spiel, Gespräch, Basteln) aufgreifen. Zum Abschluss der ersten Einheit fasst die GL zusammen. Dazu wird das Regenbogenplakat in die Mitte gelegt:

GL: Es ist schön, dass wir heute miteinander unsere erste Stunde hatten. So viele tolle Kinder sind hier und es ist doch super, dass jedes Kind ein bisschen anders ist, wir werden noch viel voneinander erfahren und miteinander erleben.
Der farbige Regenbogen mit unseren Namen drauf ist ein Zeichen für Buntheit und auch ein Zeichen für Freundschaft. Gott hat die Welt für uns gemacht und er möchte, dass wir als Freunde und Freundinnen hier leben. Als Zeichen dafür, dass auch Gott bei uns sein möchte und dass wir auch mit ihm Freundschaft schließen wollen, zünde ich nun eine Kerze an.

Die GL zündet die einfärbige, noch unverzierte Gruppenkerze an.
GL: Guter Gott, danke, dass wir hier zusammenkommen. Jede/r von uns ist einzigartig und kostbar. Wir freuen uns schon auf die Zeit, die wir noch miteinander verbringen können, und möchten auch dich immer besser kennen lernen.
Miteinander antworten die Kinder: *Amen.*

Falls der Kurs in Einzelstunden durchgeführt wird, ist die 1. Stunde damit abgeschlossen, bei einer Doppelstunde folgt jetzt der 2. Teil:

....

Ich bin in den Brunnen gefallen

Alle sitzen im Sesselkreis, ein Kind darf in der Mitte am Boden Platz nehmen.
Alle Kinder fragen nun das Kind in der Mitte: *„Ja, was ist denn mit dir passiert?"*
Das Kind antwortet: *„Ich bin in den Brunnen gefallen!"*
Alle Kinder: *„Wer soll dich denn herausholen?"*
Das Kind in der Mitte denkt sich nun eine Tätigkeit aus und antwortet z. B.: *„Der, der am besten pfeifen (tanzen, springen, lachen, still sein, singen, ...) kann!"*
Nun beginnen alle fröhlich zu pfeifen und nach einiger Zeit nennt das Kind in der Mitte den Namen des Kindes, dessen Pfeifen ihm am besten gefallen hat.
Dieses Kind reicht dem Kind im Brunnen die Hand, zieht es heraus und fällt dabei leider selber in den Brunnen ... und es geht wieder von vorne los: *„Ja, was ist denn mit dir passiert?"*

Eine Stilleübung

Wir haben schon voneinander erfahren, was jede und jeden von uns einzigartig macht, z. B. der Name, die Lieblingsfarbe, was jeder von uns gern tut ... Wir möchten in dieser Gruppe miteinander noch viel erleben. Weil jeder von uns anders ist, gibt es manchmal in einer Gruppe auch Streit, nicht immer kommen wir gut miteinander aus, nicht immer sind wir nett zueinander.
Bevor die GL dazu eine Geschichte vorliest, werden die Kinder aufgefordert, sich wieder bequem hinzusetzen, die Augen zu schließen und eine Hand mit ausgestrecktem Daumen nach hinten zu strecken. Es ist wichtig, dass keiner schummelt und zu früh nachschaut. Die GL geht herum und malt jedem Kind mit Filzstift ein Lachgesicht auf den Daumen. Wenn sie fertig ist, fragt sie die Kinder, ob sie wissen, was sie ihnen aufgemalt hat – dann dürfen alle die Augen aufmachen und nachschauen!
Nun folgt eine Geschichte, in der es auch um die Finger einer Hand geht, denen es schwer fällt, in Gemeinschaft zu leben, ohne zu streiten.

Auf jeden kommt es an

Der kleine Finger und der Daumen fingen einen Streit an. Der Daumen behauptete: „Kleine Finger sind nicht wichtig." „Das darfst du nicht sagen", sagte der kleine Finger, „ich bin auch etwas wert. Sieh mal, ich bin beweglicher und kann mich besser krümmen als du!"
Der Streit ging lange hin und her, denn auch der Zeige-, der Mittel- und der Ringfinger mischten sich noch ein. Am Ende kam sich jeder Finger einsam und unbrauchbar vor. Plötzlich stolperte der Mensch, zu dem die Finger gehörten. Da griffen die Finger schnell nach einer Stange, und so gelang es ihnen zu verhindern, dass der Mensch hinfiel.
Der Daumen sagte, noch ganz außer Atem: „Puh, das war aber knapp!"
Der Zeigefinger sprach: „Beinahe wären wir auf dem Boden gelandet!"
Der Mittelfinger fügte hinzu: „Gemeinsam haben wir verhindert, dass unser Mensch hingefallen ist."
„Wir sind echt stark", tönte der Ringfinger stolz.
Und der kleine Finger erklärte: „Ja, alleine sind wir klein, aber gemeinsam sind wir stark und können viele tolle Dinge machen ...!"

- *Worüber haben die Finger gestritten?*
- *Was wäre beinahe passiert? Wie haben es die Finger verhindert?*
- *Die Finger waren eine Gemeinschaft: Welche Gemeinschaften fallen dir ein, wo Menschen zusammenleben und zusammenhalten und mithelfen können, dass es allen gut geht? (Familie, Schulklasse, Freunde, Kommunionvorbereitungsgruppe, ...)*

Gruppenregeln

Die GL hängt nun ein leeres Plakat auf und erklärt den Kindern:
GL: Manchmal ist es gar nicht so einfach, in einer Gemeinschaft, wenn jeder etwas anderes will und keiner nachgeben mag. Dann gibt es Streit und es geht keinem von uns wirklich gut.
Wir wollen versuchen, in unserer Kommuniongruppe eine gute Gemeinschaft zu sein, in der wir uns wohl fühlen können. Vielleicht müssen wir uns manchmal Regeln ausmachen, an die wir uns halten, damit es niemandem schlecht geht und keiner gekränkt wird. Wenn uns also etwas einfällt, an das wir uns alle halten wollen, dann werden wir das immer aufschreiben, damit wir es nicht vergessen.
Die GL soll daher in den folgenden Stunden auch darauf achten, dass in eventuellen Konfliktsituationen kurz überlegt wird, ob eine Regel aufgestellt werden könnte, um in Zukunft diesen Konflikt zu vermeiden. Diese – altersgemäß kurzen und einfachen Regeln – könnten z. B. sein:
- *Den anderen ausreden lassen!*
- *Keinen schlagen oder stoßen!*
- *Pünktlich kommen!*

Die gemeinsam(!) vereinbarten Richtsätze werden immer gleich aufgeschrieben. Vielleicht gibt es gleich aktuelle Erlebnisse, die uns Gruppenregeln nötig erscheinen lassen? Diese Regeln sind keine „Gesetze", die sanktioniert werden, sondern es sollen Richtlinien werden, die uns helfen, achtsam miteinander umzugehen. Sie möchten zeigen, dass es uns wichtig ist, dass sich jeder in unserer Gruppe möglichst wohl fühlen kann.

„Verstöße" gegen die Regeln sind nicht als „Fehler" zu bewerten, jedoch ist es sehr hilfreich, wenn gutes Gelingen und das Einhalten der Regeln von der GL immer wieder lobend angesprochen werden, z. B.: *„Ich fand es jetzt sehr schön, dass ihr einander so gut zugehört habt und jeder ausreden konnte!" „Schön, dass heute alle pünktlich sind, da macht es mir viel Spaß, gleich mit euch anzufangen!"*
Durch diese Vorgangsweise kann ein achtsamer Umgang miteinander eingeübt werden. Dadurch wird auch gezeigt, dass in der Kommuniongruppe ernst genommen wird, wie es jeder/m geht, und dass sich hier jede/r möglichst wohl fühlen soll.

Gruppenkerze

Nun gestalten wir etwas, das ein besonders wertvolles Zeichen für unsere Gruppengemeinschaft werden wird – nämlich unsere eigene Gruppenkerze. Dazu setzen wir uns wieder an den Tisch!
Jedes Kind schneidet mit einer Schere aus einer Wachsplatte ein Blütenblatt aus (dieses kann auch noch bunt verziert werden). Damit bekleben wir unsere Kerze: Aus vielen einzelnen Blütenblättern wird eine einzige bunte Blume! Jedes Blütenblatt ist dabei gleich wichtig, solange eines fehlt, ist die Blume noch nicht ganz fertig.
GL: Auf Seite 3 im Erstkommunionheft findest du ein Arbeitsblatt, auf dem eine Kerze abgebildet ist. In der Überschrift fehlt ein Wort, das du nun sicher erraten und eintragen kannst.
In der Erstkommuniongruppe sind wir eine GEMEINSCHAFT!
Dann werden die Hefte reihum im Kreis herumgegeben, so dass jedes Kind seinen Namen in allen anderen Heften bunt eintragen kann. So hat dann jedes Kind die Namen aller anderen in seinem Heft festgehalten. (Schön ist es, wenn die Namen kreisförmig um die Kerze geschrieben werden. Auch die GL schreibt sich dazu!)

Wir räumen alles weg, so dass nur die Kerze in der Mitte am Tisch stehen bleibt. Dann werden wir ganz still. Als Zeichen, dass Gott auch zu unserer Gemeinschaft gehören möchte, zünden wir nun die Kerze an. Die GL formuliert ein freies Gebet, in dem Gott für die Gemeinschaft gedankt wird. Möglich ist auch, dass die GL einen Satz beginnt, z. B.: *„Guter Gott, es ist schön, dass wir eine Gemeinschaft sind. Miteinander können wir viel Schönes erleben ..."* und jedes Kind darf etwas sagen, wenn es das möchte, z. B. singen, spielen, zeichnen, lachen, reden ...
Als Abschluss des Dankgebetes sagen alle gemeinsam: *Amen.*
Singen in einer Gemeinschaft macht besonders viel Spaß, deshalb können wir jetzt noch ein Lied gemeinsam probieren, z. B. das Lied „Wenn einer sagt, ich mag dich, du ..." oder ein anderes Lied, das die Kinder schon kennen oder das für die Feier der Erstkommunion eingeübt werden kann.

2. Freundschaft macht das Leben bunt!

Themen und Inhalte

- Freundschaft zu einem Menschen tut gut und macht Freude!
- Wie fühlt es sich an, mit einem Menschen beisammen zu sein, der mich mag und den ich gern habe?
- Wie ist Gott als Freund? Wir lernen die Bibelstelle vom verlorenen Schaf kennen.
- erfahren: Ich bin wichtig und wertvoll! Gott mag mich, er kümmert sich um mich wie der Gute Hirte!
- die Taufe als Beginn des Freundschaftsbundes mit Gott
- Wir sind in Gottes Hand geschrieben (Segnung der Hände)

Material

- Schmuck für die Kreismitte (ein Blumenstrauß, ein schönes Tuch, ...)
- Malutensilien, Papier, Abdeckmaterial
- die Gruppenkerze
- ein Bild mit einer geöffneten Hand
- eventuell Saft und Knabbereien

Jeweils zwei Kinder bilden Paare und stellen sich miteinander auf. Sie haben kurz Zeit, einander genau zu betrachten. Dann hält sich ein Kind die Augen zu oder dreht sich um, während das andere Kind etwas an sich verändert (z. B. die Haarspange weggibt oder die Brille abnimmt oder den Pullover auszieht). Nun soll das Kind, das zuvor die Augen geschlossen hatte, genau hinschauen: Kann es erraten, was verändert wurde? Anschließend werden die Rollen getauscht. Wenn es allen Spaß macht, können dann auch noch die Partner wechseln.

Wir setzen uns nun gemütlich hin, es soll eine angenehme Gesprächsatmosphäre entstehen. Die Mitte kann durch einen Blumenstrauß oder ein Tuch geschmückt werden. Die GL beginnt das Gespräch mit einer kurzen Wiederholung:
GL: Wir haben schon darüber nachgedacht, was Menschen verbindet und was sie verschieden macht. Jeder von uns tut etwas anderes am liebsten und mag andere Dinge gern. Wir haben verschiedene Eigenschaften, und das heißt auch, dass jeder von uns ganz einzigartig wertvoll und besonders ist.
Heute möchte ich mit euch noch ein bisschen weiterdenken. Wir sind ja alle immer mit anderen Menschen zusammen, in der Schule, am Spielplatz, in der Familie ... Nun gibt es dabei einige Menschen, mit denen wir besonders gerne zusammen sind. Überlegt einmal, welche Menschen euch da so einfallen ... Solche Menschen bezeichnen wir als unsere Freunde und Freundinnen. Nun wollen wir uns gegenseitig erzählen, was wir mit unserem Freund/unserer Freundin besonders gerne machen. Woran freuen wir uns, wenn wir zusammen sind.

Bei diesem Gespräch soll wirklich ausreichend Zeit zur Verfügung stehen, damit jedes Kind von sich erzählen kann! Es muss nicht unbedingt ein Kind sein, auch die Oma, das Stofftier, das Meerschweinchen kann ein guter Freund sein. Zum Abschluss fasst die GL zusammen: *Ein Freund oder eine Freundin ist also jemand, mit dem ich gerne zusammen bin, bei dem ich mich wohl fühle. Jemand, mit dem ich viel Freude erlebe, und jemand, der mir auch dann hilft, wenn ich nicht so gut vorankomme. Manchmal ist mein Freund auch froh, wenn ich da bin und ihn tröste oder ihm helfe. Das tut nämlich gut und fühlt sich schön an.* (Falls die Kinder dazu Erlebnisse berichten möchten, sollte dafür Zeit sein!)

Wir setzen uns jetzt wieder an den Tisch und jedes Kind holt das Kommunionheft hervor. Seite 8 soll nun zum Thema gestaltet werden: Jedes Kind kann dort ein Bild von seinem Freund oder seiner Freundin malen, es kann aber auch folgende Aufgabe gestellt werden:
GL: Spür einmal in dich hinein: Wie fühlt es sich in deinem Bauch an, wenn du dich an ein wunderschönes Erlebnis mit deinem Freund/deiner Freundin erinnerst? Such dir die Farben aus, die dir am besten dazu gefallen. Male etwas, das deine Gefühle ausdrückt. (Dazu können zurückhaltend Anregungen gegeben werden, z. B. bunte Spiralen, Herzen, ein Feuerwerk, eine wundervolle Blume ...)
Es soll genug Zeit zum Malen sein. Danach werden die Bilder natürlich gebührend bewundert und jedes Kind erhält Gelegenheit, sein Kunstwerk mit einigen Worten vorzustellen!

Im gemütlichen Sitzkreis wird in der Mitte die Gruppenkerze angezündet. Die GL dankt im Namen der Kinder für die vielen schönen Freundschaften, von denen wir heute gehört haben, und für die Freude, die wir dabei alle erleben können. (Wenn den Kindern das freie Gebet schon gut gefällt, kann hier jedes Kind einen Satz formulieren, wie z. B.: *„Danke für das lustige Spielen mit meiner Freundin." „Danke, dass mein Freund mich tröstet, wenn ich traurig bin."*
Anschließend erklärt die GL den Kindern, dass Gott wie ein Freund und eine Freundin für uns sein möchte, weil er/sie uns liebt, und dass diese Freundschaft zu Gott für uns eine besonders tiefe Freude in unser Leben bringen möchte. Dafür danken wir Gott und sagen wieder gemeinsam: *Amen.*
Wir können auch das Lied *„Gottes Liebe ist so wunderbar"* mit den dazugehörigen Bewegungen singen!

Falls der Kurs in Einzelstunden durchgeführt wird, ist die Stunde damit abgeschlossen, bei einer Doppelstunde folgt jetzt der 2. Teil:

....

Mach's nach!

Wir stehen im Kreis und bewegen uns zu fröhlicher Musik am Platz. Die GL zeigt auf ein Kind und dieses beginnt eine besonders lebhafte Bewegung zu machen. Alle machen diese Bewegung schwungvoll mit! Das Kind, das die Bewegungen vorgezeigt hat, deutet nach einiger Zeit auf ein anderes Kind. Dieses denkt sich eine neue Bewegung aus, die wieder alle nachmachen. (Manchmal fällt den Kindern keine Bewegung ein, dann kann die GL zur Anregung eine Geste vorzeigen oder es kommt ein anderes Kind dran.)

Hirten und Schafe

(Diese Erläuterungen können auch im Gespräch mit den Kindern gemeinsam erarbeitet werden!)
GL: Wir haben einander schon erzählt, wie es für uns ist, wenn jemand unser Freund/unsere Freundin ist. Es fühlt sich schön an, beisammen zu sein. Auf unserem Weg zur Kommunion möchten wir auch besser verstehen können, was es heißt, Gott zum Freund/zur Freundin zu haben. Das ist gar nicht so einfach, denn wir können Gott ja nicht sehen, wir können nicht so mit ihm spielen, tanzen und lachen ... wie mit einem Menschen.
Zum Glück gibt es aber eine Möglichkeit, etwas darüber zu erfahren, wie Gott denn nun eigentlich ist. Ihr wisst ja bestimmt schon, dass Jesus, der Sohn Gottes, auf Erden gelebt hat und den Menschen sehr viel darüber erzählt hat, wie Gott ist und wie gern er die Menschen hat. Das, was Jesus erzählt hat, können wir in einem dicken Buch nachlesen, und zwar in der Bibel.

Bevor nun die GL eine Erzählung aus der Bibel vorliest, wollen wir in einem Spiel etwas erleben, was ganz viel mit dieser Erzählung zu tun hat. Wir verteilen uns im Raum und ein Kind darf Hirte sein. Der Hirte macht die Augen fest zu und bleibt an der Wand stehen. Die anderen Kinder spielen die Schafe, sie springen blökend im Raum herum. Die GL wählt ein Kind aus – dieses Schaf ist ein besonders wildes, abenteuerlustiges. Es schlüpft unter einen Tisch und wird mit einer Decke zugedeckt. Nun macht der Hirte die Augen auf und kontrolliert, ob alle Schafe noch da sind. Nein, eines fehlt, oh je! Kann der Hirte erraten, welches Schaf sich da unter dem Tisch verbirgt?
Wenn die Gruppe klein ist, wird der Hirte sehr schnell wissen, welches Kind sich unter der Decke versteckt. Die Zusatzaufgabe kann dann lauten, dieses versteckte Schaf näher zu beschreiben, also z. B.: *„Das ist Anna, sie hat braune Augen, hat heute einen roten Pullover an, und in der Schule gefällt ihr Turnen am besten."* Das versteckte Schaf darf dann entscheiden, ob es mit der Beschreibung einverstanden ist!

Das Gleichnis vom verlorenen Schaf

Die Bibelstelle wird von der GL möglichst frei erzählt, sie kann zusätzlich mit einfachen Bildern am Boden aufgelegt werden. Einige Impulse für das anschließende Gespräch: *So wie der Hirte sich zu seinen Schafen verhalten hat, so verhält sich auch Gott zu uns, wenn er unser Freund/unsere Freundin sein will. Was gefällt euch denn an dieser Freundschaft Gottes zu den Menschen?*
Mögliche Antworten, immer auch in Bezug auf den Hirten:
- *Jedes Schaf ist wichtig, auch wir sind für Gott wichtig, jeder Einzelne von uns.*
- *Gott kümmert sich um uns, er hat uns gerne, er vergisst uns nicht, er kennt jeden von uns in seiner/ihrer Einzigartigkeit. Darauf können wir uns verlassen, so wie wir uns auf eine/n gute/n Freund/in verlassen können!*
- *... das fühlt sich gut an! (Fühlt sich die Freundschaft mit Gott auch so an, wie du es vorhin auf dem Bild gemalt hast? Vielleicht schon, vielleicht auch noch nicht ... Freundschaft braucht Zeit zum Wachsen – auch die Freundschaft zwischen Gott und dir!)*

Die Antworten können dann ins Kommunionheft (Seite 10) eingetragen werden.

Die Taufe – der Beginn einer Freundschaft

Wir versammeln uns nun wieder um den Tisch. In der Mitte des Tisches liegt ein Bild von einer geöffneten Hand.

GL: Es hat einmal, vor langer Zeit, als du noch ein Baby warst, ein ganz besonderes Fest gegeben, bei dem deine Freundschaft mit Gott begonnen hat. Weißt du, welches Fest ich meine? Es ist die Taufe!

Wenn ein kleines Kind getauft wird, dann ist das wie ein Versprechen von Gott, dass er für immer der Freund dieses Kindes sein wird, dass er immer bei ihm bleibt und es beschützt, so wie der Hirte, von dem wir vorhin gehört haben. Gott reicht dem Menschen bei der Taufe die Hand und das ist eine Verbindung, die das ganze Leben lang nicht aufhört.

Falls ein Kind erst im Rahmen der Kommunionvorbereitung getauft wurde, wäre es schön, wenn dieses Kind nun ein wenig von dieser Feier erzählt!

Meine Hand!

Jedes Kind kann nun auf Seite 11 im Kommunionheft einen Abdruck seiner Hand eindrücken (mit Malfarben) oder es wird nur der Umriss der Hand nachgefahren. Die GL liest den Text auf S. 10 unten vor: *Mit der Taufe beginnt unsere Freundschaft mit Gott ...*

Segnung der Hände

GL: Gott hat uns Hände gegeben, damit wir anderen Gutes tun können. Wir können mit unseren Händen andere streicheln, sie halten, wenn sie schwach sind, wir können anderen mit unseren Händen etwas schenken und Hand in Hand mit unseren Freunden herumlaufen. Dazu erklärt die GL:

Damit es euch gelingt, mit euren Händen anderen Gutes zu tun, werde ich jetzt jedem von euch ein Kreuzzeichen auf seine Hände machen. Das ist ein Zeichen dafür, dass Gott als Freund euch dabei helfen will.

Dazu wird die Gruppenkerze angezündet. Die GL geht von Kind zu Kind und nennt jedes beim Namen. Während sie das Kreuz auf die Hände zeichnet, wendet sie sich dem Kind zu und spricht:

„Peter, Gott hat dich lieb und möchte auch dein Freund sein. Er sei bei dir und helfe dir, damit du mit deinen Händen anderen Menschen Gutes tun kannst."

Wenn es möglich ist, kann auch der Priester zu dieser Feier eingeladen werden und die Segnung der Hände vornehmen. Weiters kann es ein schönes Zeichen sein, die Eltern der Kinder zu dieser Stunde einzuladen! Dann können auch sie ihrem Kind ein Kreuzzeichen auf die Hände machen. Die Segnung der Kinderhände kann auch im Rahmen der Sonntagsmesse sehr schön gestaltet werden, dazu werden die Familien der Kinder eingeladen. Dabei können auch die Kommunionkinder der Pfarrgemeinde vorgestellt werden.

Zum Schluss singen wir miteinander noch ein Lied, das uns gut gefällt. Wenn dann noch Zeit bleibt, können zur Feier der Freundschaft Saft getrunken und Süßigkeiten geknabbert werden!

3. Jesus will unser Freund sein

Themen und Inhalte

- etwas über Jesus erfahren
- die Bibelstelle kennen lernen, in der Jesus die Kinder segnet
- in der Begegnung mit Jesus die Dimension der Freude ein Stück weit erspüren
- ins Gespräch kommen: Beten – was bedeutet das?
- mit dem ganzen Körper das Vaterunser beten

Material

- Packpapier, ein gelber Papierkreis
- Puzzleteile: das Bild von Jesus mit den Kindern aus dem Kommunionheft (Seite 16) wird kopiert und in so viele Teile zerschnitten, wie Kinder in der Gruppe sind
- bunte Papierstreifen mit Beschriftung
- Klebstoff, Klebepunkte
- ev. Verkleidungsutensilien für das Theaterspiel
- eine Kinderbibel
- die Geschichte „Geld vom armen Mann“
- unsere Gruppenkerze
- ein Bild mit einer Landschaft
- Kärtchen mit Tätigkeiten
- Stifte

Jesus kennen lernen

Wir beginnen im Sesselkreis. Wenn es für die Gruppe passt, kann zu Beginn ein Lied gesungen werden. In der Mitte liegt ein großer Packpapierbogen mit einem gelben Papierkreis, der die Sonne darstellt. Die GL legt auf diesen Kreis die Puzzleteile auf. Die Kinder sollen nun gemeinsam das Bild auf der gelben Sonne zusammenstellen.
GL: Auf diesem Bild sehen wir Jesus. Wie wir gleich erkennen können, hat er Kinder gern gehabt und sich Zeit für sie genommen. In den letzten Stunden haben wir viel darüber geredet, wie unsere Freunde und Freundinnen so sind und was sie gerne tun ... Heute wollen wir alle diese Dinge auch über Jesus erfahren.
Jedes Kind bekommt einen oder zwei Papierstreifen, diese sind in warmen Farben gehalten (gelb, rot, ocker, orange). Auf diesen Streifen ist jeweils eine Aussage über Jesus zu lesen. Zunächst liest jedes Kind leise für sich, was da über Jesus gesagt wird.
GL: Über Jesus können wir einiges in der Bibel nachlesen. Wir werden merken, dass Jesus ein ganz besonderer Mensch war: Er hat alles getan, damit es seinen Mitmenschen gut geht und sie fröhlich und gesund sein können.

Die GL liest nun einen Satz nach dem anderen vor und die Kinder legen den jeweiligen Satz wie einen Sonnenstrahl an den gelben Kreis an.
Mögliche Sätze:
Jesus hatte die Kinder lieb.
Jesus ist der Sohn Gottes, der auf der Erde gelebt hat.
Jesus wollte den Menschen Gutes tun und ihnen in Wort und Tat helfen.
Jesus hat sich gefreut, wenn die Menschen froh und gesund wurden mit seiner Hilfe.
Die Geburt von Jesus feiern wir zu Weihnachten, Josef und Maria sind seine Eltern auf Erden gewesen.
Jesus hat den Menschen Mut gemacht, liebevoll und gerecht miteinander umzugehen.
Jesus hat uns gezeigt, wie lieb Gott jeden von uns hat.
Jesus hat sich für schwächere Menschen und Ausgegrenzte eingesetzt.
Jesus ist gekreuzigt worden, blieb aber nicht tot, sondern er ist auferstanden und wieder zu Gott heimgekehrt.
Jesus hat uns versprochen, dass wir ebenso vom Tod auferweckt werden und zu Gott kommen.

Wenn die Sonne fertig ist, weist die GL darauf hin und sagt: *Wir sehen: Jesus war ein Mensch, der sehr viel Liebe und Wärme ausgestrahlt hat. Wenn die Menschen ihm begegnet sind, dann ist in ihrem Herzen die Freude wie eine Sonne aufgegangen.*
Jedes Kind erhält jetzt ein oder zwei Klebepunkte. Die Kinder kleben diese Punkte zu jenen Satzstreifen, die ihnen besonders gefallen. Wenn alle Zettel und Streifen aufgeklebt sind, kann das Plakat aufgehängt werden und den Gruppenraum verschönern.

Bibelspiel

GL: Wir hören jetzt miteinander eine kurze Erzählung aus der Bibel. Da wird von Kindern berichtet, die Jesus kennen lernen wollen. Passt gut auf, wie es den Kindern dabei ergeht, denn nachher wollen wir diese Erzählung wie ein Theaterstück nachspielen.
Die GL liest aus der Bibel die Episode von der „Segnung der Kinder“ (Markus 10,13–16) vor. Anschließend kann die Erzählung mehrmals mit den Kindern durchgespielt werden. Dabei wird besonders darauf geachtet, dass die Kinder ihre Enttäuschung über die Zurückweisung durch die Jünger auch recht lautstark zum Ausdruck bringen, ebenso wie die Freude über die Begegnung mit Jesus. Die Segnung kann durchaus auch kindgemäß dargestellt werden, d. h. einander auf die Hände klatschen, fest drücken, miteinander eine Runde tanzen ... Segnung bedeutet eigentlich: „jemandem ein gutes Wort sagen“.
Anschließend versammeln wir uns um den Tisch und holen unsere Kommunionhefte hervor. Die Kinder können auf Seite 16 ihre Gedanken zu dem Satz: *Mir gefällt an Jesus ...* eintragen. Falls noch Zeit ist, können sich die Kinder über ihre Sätze austauschen. Eine weitere Möglichkeit wäre es, mit den Kindern darüber zu sprechen, dass Jesus uns zeigen möchte, wie wir miteinander gut und liebevoll umgehen können. Es tut uns also gut, wenn wir uns ein Stück weit so verhalten, wie Jesus selbst es getan hat. Dazu könnte auch noch der kurze Text „Xaverl findet eine Geschichte“ (Seite 18 im Kommunionheft) vorgelesen werden.

Für das Gebet wird die Gruppenkerze in die Mitte gestellt und angezündet.

Lieber Gott!
Danke, dass du Jesus in die Welt geschickt hast. Er hat uns gezeigt, wie wir miteinander gut und liebevoll leben können. Er hat sich immer um Gerechtigkeit und Frieden bemüht. Auch Kinder waren für ihn wichtig, denn er hat Zeit für sie gehabt. Jesus hat uns gezeigt, wie gut du bist und wie gerne du uns hast. Durch ihn können wir deine Liebe besser spüren. Darüber freuen wir uns! Amen.

Falls der Kurs in Einzelstunden durchgeführt wird, ist die Stunde damit abgeschlossen, im Falle von Doppelstunden geht es folgendermaßen weiter:

....

Wir stehen im Kreis. Ein Kind beginnt und sagt: „*Ich tu, ich tu, was ihr nicht wisst, und das ist ...*“, z. B. einen Nagel in die Wand einschlagen, Äpfel schälen, lesen ... Das Kind zeigt nun diese Tätigkeit pantomimisch vor. Wenn der gesuchte Begriff zu schwer ist, können die Kinder auch Fragen stellen, z. B.: „Beginnt es mit dem Buchstaben ‚S‘?“ Die Kinder versuchen die Tätigkeit zu erraten und können, wenn sie es erraten haben, die Geste kurz nachmachen. So kommt reihum jedes Kind einmal dran.

Wir setzen uns wieder in die gemütliche Plauderecke. Die GL führt das Gespräch fort, in dem sie nochmals auf Jesus verweist. Jesus hat den Menschen viel von Gott erzählt. Er hat ihnen auch gesagt, dass Gott für jede/n von uns wie ein Freund immer da sein möchte. Das heißt auch, dass wir mit Gott auch sprechen können – wie wir es ja mit unseren Freunden auch tun.
GL: Wisst ihr, wie man es nennt, wenn wir Gott erzählen, was uns freut oder was uns traurig macht? Wir sagen dann, wir beten.

Die GL legt nun ein großes Plakat (siehe nächste Seite) in die Mitte, auf dem eine Landschaft zu sehen ist. Es gibt da Häuser, eine Schule, einen Spielplatz, eine Kirche, einen See, eine Wiese, einen Berg, ein Pfarrzentrum, einen Supermarkt, Bäume und Blumen, eine Straße ... In einem Körbchen liegen Kärtchen, auf denen viele Dinge stehen, die Kinder den ganzen Tag über tun: schreiben, zeichnen, Ball spielen, essen, fernsehen, Blumen pflücken, einkaufen, lachen, abwaschen, laufen, sich ärgern, schwimmen, nachdenken ...
Miteinander ordnen wir die Kärtchen den Orten auf dem Bild zu, von denen wir glauben, dass sie am besten zu diesen Tätigkeiten passen. Dort kleben wir die entsprechende Karte auf. Wenn manches für mehrere Orte passt, zeichnen wir Pfeile zu den anderen passenden Orten hin. Die Karte mit der Aufschrift „beten“ kommt als Letztes dran. Dafür werden sich viele Orte finden, denn mit Gott sprechen können wir ja immer und überall. Auch diese Karte wird aufgeklebt und mit entsprechenden Pfeilen den verschiedenen Orten zugewiesen.

Beten – wie geht das?

In einem weiteren Schritt überlegen die Kinder nun: So viele Dinge tun wir den ganzen Tag, wir sehen es an unserem Plakat. Dabei denken und fühlen wir sehr viel, manches macht Spaß, einiges tun wir gar nicht gern, manches macht uns fröhlich, anderes verstehen wir oft nicht so recht. *Von welchen Tätigkeiten können wir Gott im Gebet erzählen?* Alles, was uns passend erscheint, ringeln wir jetzt auf dem Plakat rot ein. Wir entdecken, dass wir Gott von den meisten Dingen sehr viel erzählen können wie einem guten Freund. Vielleicht fällt uns noch etwas Besonderes ein, das wir Gott gerade jetzt gerne sagen wollen, eine Bitte oder ein Dank. Das können wir gleich noch auf unser Plakat schreiben!

Das Vaterunser

GL: Es gibt ein Gebet, das Jesus seinen Freunden und Freundinnen gezeigt hat. Weil es ein so wichtiges Gebet ist, kommt es noch heute in jeder heiligen Messe vor. Viele Menschen beten es gerne miteinander. Auch wir wollen jetzt mit diesen Worten, die Jesus uns gelehrt hat, zu Gott beten, der unser Freund und Vater ist.

Das Vaterunser kann gebetet oder gesungen werden, besonders schön ist es, wenn dazu die im Kommunionheft (Seite 20–21) angegebenen Bewegungen ausgeführt werden. Dazu wird die Gruppenkerze angezündet.
Wenn noch Zeit bleibt, können die Kinder nun im Kommunionheft einen schönen Rahmen um den Text des Vaterunsers herum gestalten. Die Kinder werden aufgefordert, den Eltern dieses Gebet daheim zu zeigen – vielleicht wird es ja auch in der Familie gemeinsam gebetet?

4. Vom Streiten und Sich-Versöhnen

Themen und Inhalte

– erkennen, dass Streit nicht gut tut, sich aber auch nicht immer vermeiden lässt
– Wege der Versöhnung suchen
– die biblische Geschichte vom barmherzigen Vater kennen lernen
– „Umkehr“ und Versöhnung als befreiende Erfahrung am eigenen Leib verspüren
– alles, was uns bewegt, gelungene Versöhnung und auch Streit, dürfen wir vor Gott hinlegen
– Gott will uns Mut machen, neu zu beginnen

Material

– das Regenbogenbild aus der 1. Stunde
– Schwarze und graue Papierflecken
– eine Bibel
– Utensilien, um die Bibelstelle kindgemäß darzustellen
– Stifte, Malsachen
– unsere Gruppenkerze
– Liednoten

Wir beginnen mit einem gemeinsamen Spiel. Dazu stellen wir uns im Kreis auf. Das Spiel funktioniert ähnlich wie „Stille Post“, nur dass wir einander nicht ein Wort ins Ohr flüstern, sondern dem anderen ein Zeichen auf den Rücken malen. Dieser malt dann das, was er gespürt hat, seiner Nachbarin auf den Rücken, die es wiederum an den Nächsten weiterschickt. Am Ende können wir die Anfangsgeste mit dem Ergebnis vergleichen.
Mögliche Symbole: Kreis, Blitz, Stern, Herz, Tropfen, Pfeil, Blume, Sonne ...

Schwarz und Grau im Regenbogen

Wir setzen uns im Kreis zusammen. In der Mitte liegt das Regenbogenplakat aus der 1. Stunde. Die GL erinnert an die vergangenen Stunden: Bestimmt wissen die Kinder noch, worüber da geredet wurde:
GL: Wir haben gesehen, wie schön es ist, dass jeder von uns einzigartig ist, dass wir uns voneinander unterscheiden und dass gerade diese Buntheit die Welt abwechslungsreich und schön macht, so wie auch zum Regenbogen viele verschiedene Farben dazugehören. Manchmal ist es aber so: Einer mag etwas, die andere aber nicht. Der eine will etwas auf eine bestimmte Art machen, der andere ist damit aber nicht einverstanden. So beginnen Streitigkeiten. In unserem Leben geht es auch nicht immer so schön und fröhlich bunt zu, wie es uns der Regenbogen zeigt. Es gibt auch schwarze und graue Momente, wo wir böse und zornig aufeinander sind.

Jedes Kind bekommt nun von der GL einen schwarzen oder grauen Papierfleck. Nacheinander können die Kinder diesen Fleck als Symbol für belastende Erfahrungen auf den Regenbogen legen. Dabei sollen die jeweiligen traurigen Erlebnisse nur mit einem kurzen Satz angedeutet, aber nicht ausführlich erzählt werden.

Xaverl und der Rotschopf

GL: Jeder von uns weiß, wie es sich anfühlt, wenn gestritten wird. Auch den Erwachsenen fällt es oft schwer, friedlich zusammenzuleben. Es gibt einen Menschen, der hat es sehr gut gekonnt, der war wirklich ein Vorbild für uns alle. Was glaubt ihr, wen ich da meine? Jawohl, Jesus! Er hat uns gezeigt, wie wir miteinander umgehen können, ohne dass jemand benachteiligt wird oder dass jemand Angst haben oder traurig sein muss. Uns gelingt das manchmal ganz gut, und manchmal geht es überhaupt nicht ohne Streit. Jetzt hören wir eine Geschichte vom Xaverl. Dabei zeigt sich: Man kann Streit nicht immer aus dem Weg gehen, aber vielleicht findet man Wege, sich wieder zu versöhnen.

Die Geschichte wird nun aus dem Kommunionheft (Seite 25) vorgelesen.

GL: Also, ich glaube, wir verstehen den Rotschopf, den Hans, sehr gut. Wahrscheinlich geht es uns manchmal ähnlich. Wenn wir uns benachteiligt oder beleidigt fühlen, haben wir eine Stinkwut und wollen uns rächen. Irgendwann platzt uns der Kragen, und wir tun Dinge, die richtig gemein und fies sind. (Wenn es für die Gruppe passt, können die Kinder nun eingeladen werden zu erzählen, wo sie schon einmal so richtig unfair waren, schlimm geschimpft haben, jemandem wehgetan haben.)

Oft ist es für uns nicht gut, wenn wir uns so verhalten. Woran merkt ihr denn, dass es schlecht für uns ist, wenn wir so ungerecht miteinander umgehen?

Die Kinder können nach ihren Erfahrungen gefragt werden. Sicher kennen sie dieses Gefühl und sind bereit von ihren Erfahrungen zu erzählen:

– die anderen sind traurig, weinen, schimpfen, spielen nicht mehr mit ...

– wir fühlen uns auch selber schlecht, wenn wir zu jemandem gemein waren.

Was können wir tun, wenn uns so etwas passiert, wenn uns etwas Leid tut? Was fällt euch da ein?

Genau, wir können uns wieder versöhnen, wir können uns entschuldigen und es wieder gutmachen.

Der Regenbogen wird wieder bunt

Nun kann jedes Kind davon erzählen, wie es ihm schon einmal gelungen ist, etwas wieder gutzumachen, wie es sich entschuldigt hat, wie es einen Konflikt zu einem guten Ende gebracht hat. Jeweils nach dem Erzählen darf jedes Kind einen schwarzen Fleck vom Regenbogen wegnehmen. Am Ende sind alle Flecken weg und der Regenbogen ist wieder schön bunt.

Wir setzen uns an den Tisch. Die Kinder können nun ihre Erfahrungen zu den Themen Streit und Versöhnung ins Kommunionheft (Seite 24 + 25) einzeichnen. Dabei kann eine Situation oder eine Geschichte gemalt werden. Die GL kann die Kinder auch anregen, einfach durch Farben oder Symbole auszudrücken, wie sie Streit und Versöhnung empfinden (z. B. Streit: schwarze Wolke; Versöhnung: Regenbogen oder Umarmung).

Die Gruppenkerze wird entzündet.

Lieber Gott !
Du hast uns lieb und hast die Welt für uns geschaffen, damit wir in Freude und Frieden hier leben können. Das gelingt uns manchmal gut, oft aber auch gar nicht. Dann streiten wir und sind unfair, jemand weint oder wird zornig. Bitte hilf uns, dass es uns gelingt, nach einem Streit aufeinander zuzugehen und wieder gut zu sein. Schenke uns Frieden und Versöhnung!

Friedensgruß

Wir wollen nun auch eine Geste des Friedens und der Versöhnung setzen. Deshalb werden die Kinder eingeladen, einander die Hand zu reichen und jedem den Frieden zu wünschen: *„Der Friede sei mit dir!"*

<u>Falls der Kurs in Einzelstunden durchgeführt wird, ist die Stunde damit abgeschlossen, im Falle von Doppelstunden geht es folgendermaßen weiter:</u>

....

Stopp - Los - Spiel

Wir gehen kreuz und quer durch den Raum, später können wir auch hüpfen, schleichen, springen, rückwärts gehen ... Irgendwann sagt einer *„Stopp"* und alle bleiben stehen. So lange, bis wieder jemand *„Los"* sagt, dann gehen alle weiter (oder springen weiter ...).
Bei diesem Spiel achten wir aufeinander und erleben, wie das ist, wenn andere unseren Befehlen Folge leisten. Das Spiel braucht vielleicht eine gewisse Anlaufzeit, bis es beginnt, richtig Spaß zu machen ... (kann wechselnd mit leiser und flotter Musik untermalt werden).

Die Geschichte vom barmherzigen Vater

GL: Wir haben erlebt, dass es uns gut tut, wenn wir uns nach einem Streit wieder versöhnen, wenn sich jemand bei uns entschuldigt, wenn wir uns wieder miteinander vertragen. Immer, wenn ein Mensch draufkommt, dass er etwas getan hat, das andere kränkt, kann er auch wieder zurück: Er kann sich entschuldigen und damit die Kränkung wieder gutmachen. Gott möchte, dass wir gut miteinander umgehen. Er freut sich mit uns, wenn wir uns nach einem Streit versöhnen und wieder miteinander fröhlich sind. Dazu hören wir nun eine Erzählung aus der Bibel.
Am Tisch oder in der Kreismitte hat die GL Utensilien vorbereitet, mit deren Unterstützung sie nun den Kindern die Geschichte vom barmherzigen Vater (aus der Bibel oder aus dem Kommunionheft, Seite 28 + 29) vorliest oder besser frei erzählt und gleichzeitig vorspielt und dazu Gegenstände auflegt (Playmobilfiguren, bunte Tücher, Bilder ...).

GL: Denkt noch einmal an den Regenbogen. Was hat der Sohn vielleicht falsch gemacht, wie hat er anderen Leid zugefügt, wodurch sind dunkle Flecken auf dem Regenbogen entstanden?
Als es in seinem eigenen Leben sehr dunkel war, was hat er sich da gewünscht?
Wie hat er sich wohl gefühlt, als er zurückkam?
Was hat der Vater getan, als der Sohn wieder heimkam?
Wie geht die Geschichte zu Ende? Was ist passiert, damit Vater und Sohn wieder miteinander froh sein konnten?

Die Frohe Botschaft spüren

Am schönsten ist für viele die Stelle, wo der Sohn dem Vater entgegenläuft und der Vater ihn mit offenen Armen auffängt. Da haben sich beide sicher sehr gefreut, dass sie wieder zusammen waren und sich zeigen konnten, wie lieb sie einander hatten. Das wollen wir jetzt auch ein bisschen nachfühlen! Die Kinder dürfen sich nun nacheinander in die Arme der GL stürzen (wenn sie nicht zu wild sind, können sie sich auch gegenseitig auffangen und umarmen). Dazu können auch Freudensrufe erschallen: „Hurra, Jippie ..."

Wir sitzen wieder am Tisch. Die Kinder schauen das Bild zur Bibelgeschichte im Kommunionheft (Seite 29) an. Wie gefällt den Kindern das Bild, was fällt ihnen dazu ein? Die GL gibt eine kurze Erklärung:
GL: Diese Erzählung aus der Bibel zeigt uns wieder ein Stückchen von Gott. Gott möchte für uns auch so ein Vater sein. Er will, dass es uns gut geht. Wenn es dunkel ist in unserem Leben, weil wir etwas getan haben, das andere traurig macht, dann möchte Gott uns helfen, dass wir umkehren, es wieder gutmachen und neu anfangen. Diese Freude über eine geglückte Versöhnung können wir auch als riesige Erleichterung im Bauch spüren. Jesus freut sich dann mit uns.
Wir zünden unsere Gruppenkerze an. Es wird ganz still. Jedes Kind spricht nun für sich selber mit Gott. Dabei kann die GL folgende Gedanken anregen:
– *Wo ist dir vor kurzem Versöhnung gelungen?*
– *Wo hast du dich gefreut, wenn jemand mit dir Frieden geschlossen hat? Vielleicht möchtest du Gott dafür danken?*
– *Gibt es jemanden, mit dem du dich gerne versöhnen würdest?*
– *Möchtest du etwas wieder gutmachen? Gelingt es dir noch nicht allein? Du kannst Gott um gute Ideen und seine Hilfe bitten.*
Hinweis: Für manche Kinder ist es nach einer Stillephase ganz wichtig, laut zu erzählen, was sie jetzt gedacht oder gebetet haben. Wenn es so ist, soll hier unbedingt Gelegenheit dazu sein!
Zum Schluss singen wir ein fröhliches Lied, z. B. „Gottes Liebe ist so wunderbar" oder ein Halleluja!

5. Wie mach ich's wieder gut? Die Beichte – das Sakrament der Versöhnung

Themen und Inhalte

- still werden
- über meinen Alltag nachdenken
- Bedrückendes, Leid und Schuld vor Gott hinlegen
- den Ablauf der Beichte kennen lernen

Material

- das Regenbogenbild aus der 1. Stunde und „schwarze Flecken“
- Dekorationsmaterial für die 4 Eckenbereiche
- Papier und Splinten, Scheren, Stifte für „Beichtsonne“
- kleinere Kerzen (für jedes Kind eine)
- Liednoten

Gott lädt uns zur Versöhnung ein!

Wir treffen uns im Sesselkreis, in der Mitte liegt wieder der Regenbogen mit den schwarzen Flecken drauf. Im Gespräch werden einige zentrale Themen der letzten Doppelstunde wiederholt:
GL: Manchmal streiten wir miteinander und wir tun Dinge, die andere verletzen. Das ist so, wie wenn der bunte Regenbogen schwarze Flecken bekommt. Wenn es uns gelingt, uns zu versöhnen, uns zu entschuldigen, es wieder gutzumachen, dann erstrahlt der Regenbogen wieder in allen Farben! In der Geschichte vom barmherzigen Vater haben wir letzte Stunde gehört, wie sich der Sohn und der Vater versöhnt haben und wie beide vor Freude darüber ein Fest feiern.

Nach dem Gespräch wird der Regenbogen weggeräumt. Idealerweise wechselt nun die ganze Gruppe in einen größeren Raum, in dem die vier Ecken eigens gestaltet wurden. Falls dies nicht möglich ist, kann jeweils die Sesselkreismitte neu gestaltet werden.
Wir treffen uns in der Mitte des Raumes. Die GL führt die Kinder ins Thema ein:
GL: Wir haben in der Geschichte gehört, dass Gott uns wie ein Vater lieb hat. Wenn wir Dinge gemacht haben, mit denen wir jemandem geschadet haben, dann können wir damit auch zu Gott kommen und ihn um Vergebung bitten. Wir dürfen ihm von allem erzählen, auch von dem, was uns bedrückt. Gott vergibt uns und sagt uns: „Du kannst wieder neu anfangen!“ Dabei will er uns auch helfen und uns Kraft dazu geben, dass wir es das nächste Mal besser machen. Wenn wir das in einem Gespräch dem Priester sagen, dann nennt man das Sakrament der Versöhnung oder auch Beichte.
Warum beichten wir eigentlich? – Natürlich kann jeder für sich selber überlegen, was er falsch gemacht hat oder was er anders machen möchte. Aber es ist hilfreich, wenn man das jemand anderem erzählen kann, so wie wir unseren Freunden auch von schönen und traurigen Dingen erzählen. Bei der Beichte gehen wir zu einem Priester, weil der Priester in Gottes Auftrag und an Gottes Stelle handelt. Er sagt dir dann im Auftrag Gottes: „Gott vergibt dir.“
Bevor ihr das erste Mal das heilige Brot bekommt, werdet ihr auch alle das erste Mal zur Beichte gehen. Wie werden später noch besprechen, wie das genau abläuft. Nach der Beichte ist es meist ein sehr schönes Gefühl, so wie wenn wir uns nach einem hässlichen Streit wieder versöhnen. Dann fällt uns ein Stein vom Herzen, wir freuen uns und feiern, dass wir einander wieder gut sind. Bei der Beichte feiern wir die Versöhnung mit Gott und unseren Mitmenschen.

Eine nachdenkliche und stille Zeit für die Kinder

Jede Ecke des Zimmers ist mit Tüchern, passenden Gegenständen oder Bildern dekoriert. Die einzelnen Ecken stehen für vier verschiedene Lebensbereiche: Familie, Freunde und Freundinnen, Schöpfung, Gott. Die Kinder bekommen Zettel und Stifte und werden eingeladen, mit der GL von Ecke zu Ecke zu wandern. In jeder Ecke setzen sich alle für einige Zeit (ca. 5 Minuten) auf Decken oder Kissen und die GL liest einige Gedanken vor.

Ecke 1: Familie

Dekoration: Familienfotos, ein Brettspiel, Teetassen, ein Fotoalbum, ein Märchenbuch, ein Einkaufskorb, Socken in verschiedenen Größen, Stofftiere, ... eine Kerze, die brennt, während die Gruppe in dieser Ecke sitzt.

GL: Setz dich jetzt ganz bequem hin, richte dir deinen Zettel und Stifte her, aber schließe vorher deine Augen und hör gut zu, was ich dir jetzt zum Nachdenken sagen möchte. Vielleicht fallen dir dann einige Dinge ein, die du getan hast, und mit denen du andere in der Familie gekränkt oder verletzt hast. Vielleicht tut es dir Leid und du möchtest diese Dinge Gott bei der Beichte erzählen?

Denk einmal an deine Mama und an deinen Papa. Bestimmt unternehmt ihr vieles gemeinsam. Ihr erlebt Schönes, lacht miteinander, freut euch. Es gibt Dinge, die mag deine Mama besonders gerne, und auch deinem Papa gefallen manche Sachen sehr gut. Überleg auch, was du mit deinen Eltern und Geschwistern gern zusammen machst, mit deinem Bruder, deiner Schwester ... Was spielst du mit ihnen? Was habt ihr gern?

Und jetzt überleg einmal, wie es dazu kommt, dass es auch in deiner Familie ab und zu Streit gibt?

– Fällt dir etwas ein, was du getan hast, womit du deine Eltern oder Geschwister gekränkt hast?
– Vielleicht hast du etwas gesagt, das jemanden verletzt hat?
– Oder du hast nicht die Wahrheit gesagt?
– Hast du etwas vergessen, was du jemandem versprochen hast?
– Jemandem etwas weggenommen, jemandem die Freude an etwas verdorben?
– Hast du einen Streit mit deinen Geschwistern begonnen?
– Hast du geholfen, wenn du wo gebraucht wurdest, oder hast du es übersehen?
– Hast du auf deine Eltern gehört, wenn sie dich um etwas gebeten haben, oder hast du es einfach überhört?

Denk noch ein bisschen nach! Dann kannst du dir ein oder zwei Sätze aufschreiben, die du Gott bei der Beichte sagen möchtest. Du kannst schreiben: „Es tut mir Leid, dass ...“ oder „Ich habe ...“). Bei dieser ersten Ecke wird die Hilfe der GL besonders hilfreich sein. Dabei geht es vor allem darum, dass die Privatsphäre gewahrt wird: dass jedes Kind seinen Zettel vor den Blicken der anderen schützen darf und dass es keine Beurteilung und kein „richtig oder falsch“ gibt.

Ecke 2: Freunde und Freundinnen

Dekoration: verschiedene Bilder von Kindern beim Spielen, Süßigkeiten, ein Ball, eine Barbiepuppe, ein Gameboyspiel, Buntstifte ... und wieder eine Kerze, die brennt, solange wir in dieser Ecke sitzen.

GL: Setz dich wieder ganz gemütlich hin, schließe deine Augen und hör mir zu ... Denk an deine Freunde und Freundinnen. Einen von ihnen hast du besonders gern. Mit einer anderen kannst du sehr gut spielen. Manche Dinge erzählst du nicht jedem – aber dem besten Freund schon. Ihr spielt miteinander im Haus, in der Wohnung, im Garten, im Park ... Auch in der Schule sind viele Kinder, mit denen du zusammen bist. Manche hast du sehr gern, mit manchen bist du nicht so viel beisammen. Überleg jetzt, ob es mit deinem

Freund oder deiner Freundin schon Streit gegeben hat? Auch in der Klasse ist es sicher schon vorgekommen, dass ein Kind traurig war oder sehr zornig.
– Vielleicht hast du einen Streit begonnen?
– Bist du unfair gewesen?
– Hast du einem anderen Kind wehgetan?
– Hast du etwas gemacht, mit dem du eine Freundin oder einen Freund sehr gekränkt hast?
– Warst du bereit zu teilen, oder hast du alles nur für dich haben wollen?
– Hast du andere Kinder ausgespottet oder beschimpft?
– Hast du absichtlich etwas weggenommen oder kaputtgemacht, das jemand anderem gehört hat?
Denk noch ein bisschen nach. Dann kannst du dir wieder ein, zwei Sätze aufschreiben, die du Gott bei der Beichte sagen möchtest.

Ecke 3: Schöpfung/Umwelt
Dekoration: Blumen, Naturmaterialien, Bilder und Ansichtskarten von verschiedenen schönen Landschaften, Tierbilder, Stofftiere, Steine, Erde ... und wieder eine brennende Kerze!
GL: Wiederum setzen sich alle gemütlich hin und spitzen die Ohren. Gott hat diese Erde für uns alle als Ort zum Wohnen geschaffen. Er liebt uns und möchte, dass wir gemeinsam friedlich auf dieser Erde leben. Wir sollen miteinander gut auskommen. Aber nicht nur die Menschen brauchen Liebe und Fürsorge. Auch die Blumen, Pflanzen, die Tiere, das Wasser: Alles, was lebendig ist auf der Erde, soll gut leben können. Die Pflanzen und Tiere brauchen Luft zum Atmen und sauberes Wasser zum Trinken, so wie wir Menschen auch. Dafür können wir uns freuen über die Schönheit der Blumen, über den Wald und die Berge. Wir dürfen im Wasser plantschen und es gibt viele Tiere, die wir bestaunen können. Alles, was lebt, verdient einen guten Platz in dieser Schöpfung.
Denk jetzt darüber nach, ob du irgendetwas getan hast, was einem Tier oder einer Pflanze geschadet hat?
– Vielleicht hast du dich zu wenig um etwas gekümmert?
– Gibt es ein Tier, das du vernachlässigt oder gequält hast?
– Manchmal passiert es auch, dass wir die Erde verschmutzen ... Hast du die Umwelt verschmutzt und Abfall einfach in die Wiese geworfen?
Und wieder schreiben alle Kinder ihre Sätze auf einen Zettel. Dann faltet jedes Kind seinen Zettel und steckt ihn ein. Nun wandern alle in die letzte Ecke.

Ecke 4: „Gott, unser Vater“
Dekoration: schöne Tücher, die Gruppenkerze, Glasnuggets, ein Blumenstrauß, ein Kreuz, bunte Steine ... eine brennende Kerze.
GL: Nun setzen wir uns das letzte Mal gemütlich hin, damit wir gut zuhören können. Gott hat dich lieb. Er möchte dein Freund sein. Er schenkt uns alles Gute, was wir haben: unsere Familie, unsere Freundinnen und Freunde, die Natur ...
Denke jetzt an Gott und überlege, ob du dich freust über das, was er dir schenkt?
– Denkst du manchmal an Gott, willst auch du sein Freund/seine Freundin sein?
– Sprichst du mit ihm, betest du?
– Oder vergisst du auf ihn?
– Feierst du am Sonntag die Messe mit, wenn du kannst?
Wir können Gott alles sagen, was unser Herz bewegt. Besonders gut tut es uns, wenn wir Gott die schweren, dunklen Dinge erzählen. Auch alles, was uns nicht so gut gelungen ist, dürfen wir Gott sagen. Einiges habt ihr heute aufgeschrieben. Vielleicht fällt jemandem zu Hause noch etwas ein. Dann kann er das ja noch dazuschreiben. (Zur Beichte soll dann jedes Kind seinen Zettel mitbringen.)

So wie der Vater in der Geschichte hat Gott uns lieb. Deshalb hilft er uns, wenn wir Fehler machen, dass es wieder in Ordnung kommt. Nach der Beichte werden wir dann alle Zettel gemeinsam verbrennen, als Zeichen, dass das alles vergangen ist. Gott lässt uns wieder ganz neu anfangen!

Nun liest die GL Sätze vor und die Kinder wiederholen den jeweiligen Satz:
– *Gott, du bist wie ein guter Vater und wie eine gute Mutter zu uns.*
– *Du freust dich, wenn wir mit unseren Gedanken zu dir kommen und dir davon erzählen.*
– *Es tut uns gut, wenn wir dir erzählen können, was uns nicht so gut gelungen ist.*
– *Du hast uns lieb und hilfst uns, alles wieder in Ordnung zu bringen.*
– *Du hilfst uns dabei, wenn wir uns versöhnen, und lässt uns neu anfangen.*

Zum Abschluss singen alle miteinander noch ein fröhliches Lied.

Im Kommunionheft sind auf Seite 33 die vier Ecken aufgemalt. Die Kinder können in einem Bild dazuzeichnen, was ihnen in dem jeweiligen Bereich wichtig ist. Je nach Zeit kann das noch in der Stunde oder auch zu Hause geschehen!

Eines der Spiele aus den vorherigen Stunden sorgt dafür, dass sich die Kinder austoben, damit sie nachher in Ruhe zuhören können.

<u>Falls der Kurs in Einzelstunden durchgeführt wird, ist die Stunde damit abgeschlossen, im Falle von Doppelstunden geht es folgendermaßen weiter:</u>

....

Kirtag

Wir setzen uns gemütlich zusammen und die GL liest die Geschichte vom Xaverl aus dem Kommunionheft vor (Seite 35 + 36).
GL: Das kennen wir sicher: Der Xaverl ist mit sich selber nicht ganz froh. Ja er sagt sogar, er mag sich heute nicht besonders leiden. Weil ihm einige Dinge nicht so gelungen sind, wie er es wollte. Und was sagt Gott darauf? Gott sagt: „Xaverl, ich mag dich. So, wie du bist!" Gott meint damit, er hat den Xaverl gern, wenn er so viele lustige und schöne Dinge macht, aber er hat ihn auch gern, wenn ihm manches nicht so gut gelingt. Er mag ihn einfach überhaupt. Dieses Gefühl möchte uns Gott auch in der Beichte vermitteln. Wir erzählen ihm, was uns nicht so gut gelungen ist, was uns Leid tut, wo wir etwas falsch gemacht haben und wo wir gesündigt haben. Das nennen wir dann Beichte oder Sakrament der Buße oder auch Sakrament der Versöhnung. Dabei vergibt uns Gott und sagt uns: „Du kannst neu beginnen."

Ablauf der Beichte

Jedes Kind bastelt nun eine „Beichtsonne". Diese Sonne erinnert uns an den Ablauf der Beichte. Sie kann auch bunt bemalt werden. Gemeinsam wird nun der Ablauf der Beichte von der Beichtsonne abgelesen und besprochen. Anschließend sollen der genaue Beichtablauf eingeübt und die Fragen der Kinder besprochen werden. Auch an die Zeichnung auf Seite 33 im Kommunionheft kann noch einmal erinnert werden.

Für die Herstellung der Beichtsonne kopieren Sie bitte die beiden Abbildungen vergrößert auf gelbes, 160-g-Kopierpapier. Dieses Papier ist etwa doppelt so dick wie normales Papier. Dadurch erhält die Beichtsonne die nötige Festigkeit.
Bohren Sie in die Mitte jedes Kreises ein etwa 3 mm großes Loch. Die Kinder schneiden dann die Kreise aus, beim oberen auch die Ecke rechts. Nun werden beide Kreise durch eine Briefverschlussklammer (Splint) miteinander verbunden. Wird jetzt die untere Scheibe gedreht, so werden die einzelnen Stationen der Beichte nacheinander im Fenster sichtbar. Die Beichtsonne kann anschließend bunt bemalt und zur Beichte mitgenommen werden!

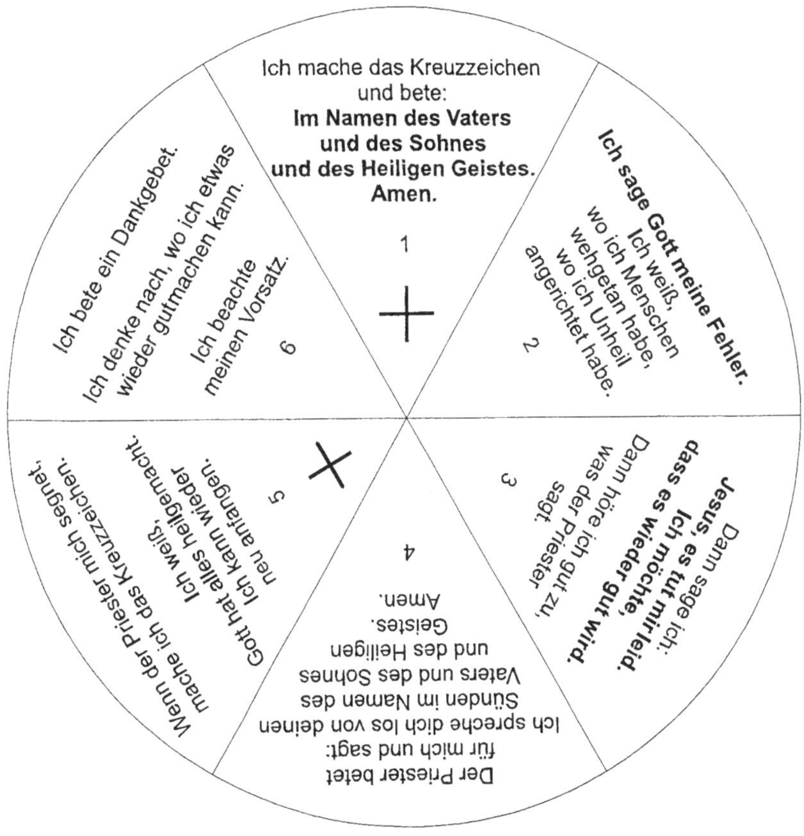

Meine Beichtkerze

Jedes Kind bekommt eine persönliche Beichtkerze, die es nach der Beichte an der Osterkerze entzünden darf. Die Kerze wird in dieser Stunde gestaltet, z. B. kann mit Wachsplatten eine gelbe Sonne auf die Kerze aufgeklebt werden. (Idealerweise hat die GL die Sonnen und die Strahlen schon vorgeschnitten!)

Weitere Ideen zur Gestaltung der Beichte finden sich im Anhang!

Wo beichten wir?

Wenn noch Zeit bleibt, gehen nun alle Kinder in den Raum, wo die Beichte stattfinden wird. Es ist für die Kinder gut, wenn ihnen der Ort und der Ablauf schon im Voraus bekannt und vertraut sind. Noch einmal wird daran erinnert, was die Kinder alles zur Beichte mitnehmen sollen: die Beichtsonne, den Zettel mit den Gedanken, die Beichtkerze. Wobei es günstig ist, zu sagen, dass der Zettel und die Beichtsonne nur Hilfen sind. Es ist also kein Unglück, wenn ein Kind darauf vergisst. Zum Abschluss beten wir miteinander, das kann im Gruppenraum oder an dem Ort der Beichte, z. B. in der Kirche, geschehen. Dazu zünden wir wieder unsere Gruppenkerze an.

Guter Gott,
Zu dir dürfen wir mit allem kommen, was uns gelungen ist.
Aber auch mit allem, was wir falsch gemacht haben.
Denn du hast uns gern – genau so wie wir sind!
Darüber freuen wir uns und dafür danken wir dir.
Amen.

Im Kommunionheft befindet sich auf Seite 34 ein bunter Rahmen mit der Botschaft:

.............................., *Gott hat dich gern, genau so wie du bist!*

Die Kinder können als Ergänzung zum Gebet oder bei Zeitmangel auch zu Hause ihren Namen auf dem Blatt eintragen.

6. In der Kirche gibt es viel zu erleben!

Themen und Inhalte

– die Bibel als „Geschenk“ wahrnehmen, in ihr blättern und mit anderen darüber sprechen
– den Aufbau der hl. Messe kennen lernen
– das Evangelium der Erstkommunionmesse ganzheitlich-sinnlich erleben
– Kirche als Raum neugierig erforschen
– darüber nachdenken, was wir in der Kirche alles miteinander tun können

Material

– eine Bibel (Kinderbibel), als Geschenk verpackt
– zwei Plakate mit der Aufschrift ERÖFFNUNG bzw. WORTGOTTESDIENST
– Utensilien passend zur Nacherzählung des Evangeliums (Gruppenkerze, schöne Tücher, bunte Glasnuggets, die Kinderbibel mit Markierung der passenden Seite, Blumen, diverse Gegenstände, z. B. Playmobilfiguren oder Holzmännchen, kleine Bäume, Häuser, Tücher, einzelne Worte des Evangeliums, auf Zettel notiert, ...)
– Plakat mit der Pfarrkirche (einer Kirche)
– ev. ein Foto der Pfarrkirche zum Einkleben ins Arbeitsheft
– ev. die Einladung für die nächste Kindermesse
– Schlüssel für die Kirche, Sakristei etc.

Jedes Kind denkt sich einen Gegenstand (z. B. Zahnbürste) und die dazugehörige Tätigkeit (Zähne putzen) aus. Nun schenkt jeder seinen Gegenstand dem Nachbarn links von ihm weiter, indem er ihm das Wort ins Ohr flüstert. Anschließend flüstert er dem Nachbarn rechts von ihm die Tätigkeit ins Ohr. So entsteht ein lustiges Durcheinander: Jeder bekommt einen Gegenstand und eine recht seltsame Tätigkeit dazu. Natürlich erzählen wir das gleich einander!

Es gibt zahlreiche Bücher, in denen Kindern die hl. Messe erklärt wird, besonders empfehlenswert: Maria Radziwon, Mein Erstkommunion-Messbuch (Tyrolia-Verlag), Laura Salvi, Das große Geschenk (Tyrolia-Verlag) oder Tobias Schmitt, Die Messfeier den Kindern erklärt (Butzon & Bercker).
Eine schöne Bibelausgabe mit vielen Erläuterungen ist die „Illustrierte Bibel für Kinder“ von Selina Hastings (Pattloch-Verlag).

Noch ein Geschenk – die Bibel

In der Mitte des Sesselkreises sehen wir heute ein Päckchen – neugierig machen wir es auf. Es ist eine Kinderbibel! Die GL lässt nun die Kinder erzählen, was ihnen alles dazu einfällt ...

– Worüber können wir in der Bibel nachlesen?
– Wer hat eine Bibel und wer hat schon einmal darin gelesen?
– Wer hat dir schon einmal aus der Bibel vorgelesen?
– Wo überall hast du schon eine Bibel entdeckt?
Es ist jetzt auch Gelegenheit, die Bibelstellen, die im Kommunionkurs bereits gemeinsam besprochen wurden, nachzuschlagen und die jeweiligen Bilder dazu anzuschauen! (Lk 15,1–7; Mk 10,13–15; Lk 15,11–24)

Der erste Teil der hl. Messe: der Wortgottesdienst

Im Gespräch haben die Kinder sicher schon festgestellt: Wir hören die Geschichten aus der Bibel an jedem Sonntag in der hl. Messe! Die GL erklärt den Kindern, dass sie heute einiges über dieses Fest erfahren werden, das jeden Sonntag in der Kirche gefeiert wird. Denn bald schon werden alle miteinander eine besondere hl. Messe feiern, nämlich das Fest der Erstkommunion. Da ist es gut, wenn sich alle auskennen und wissen, was bei so einer Feier überhaupt getan wird.

Die GL legt zwei Plakate auf den Boden. Auf dem einen steht ERÖFFNUNG, auf dem anderen ist WORTGOTTESDIENST zu lesen:
Wir bilden zwei Gruppen, jede stellt sich zu einem Plakat. Die Kinder überlegen nun gemeinsam, was in diesem Teil der hl. Messe alles passiert. Eine Gruppe erklärt dann jeweils der anderen, was ihr alles eingefallen ist und was genau da passiert. Beim Überlegen gibt die GL natürlich Tipps und Hilfestellungen.

ERÖFFNUNG: Alle treffen sich in der Kirche. Die Glocken läuten und die hl. Messe beginnt. Wir singen ein Eröffnungslied. Alle machen ein Kreuzzeichen und der Priester begrüßt die Gemeinde. Wir bereiten uns auf das gemeinsame Feiern vor und bitten Gott um sein Erbarmen. Wir singen ein Loblied, das Gloria, und der Priester spricht ein Gebet.

WORTGOTTESDIENST: In diesem Teil der Messe hören wir Geschichten aus der Bibel, zunächst die Lesung aus dem Alten Testament oder aus den Briefen des Neuen Testamentes. Dann singen wir ein Lied, manchmal auch den Halleluja-Ruf. Anschließend hören wir das Evangelium, die Frohe Nachricht. Dabei hören wir eine Geschichte aus dem Leben Jesu. Wir hören zu und denken darüber nach, in der Predigt erklärt der Pfarrer der Gemeinde die Botschaft des Evangeliums. Wir bekennen unseren Glauben und sprechen anschließend die Fürbitten. Manche Dinge, die wir aus der Bibel hören, werden uns vielleicht später wieder einfallen. So können wir uns im Alltag, beim Spiel mit Freunden, zu Hause oder in der Schule an Jesu Handeln erinnern und nach seinem Vorbild leben.
Anschließend an dieses Gespräch treffen wir uns wieder im Sesselkreis.

Wir probieren es aus !
Die GL erklärt: *Manche Kinder waren schon oft bei der Feier der hl. Messe dabei, einige noch nicht so oft. Besonders schön ist es, wenn wir zusammenkommen, so wie wir es jetzt hier tun, und sehr feierlich und aufmerksam zuhören, wenn etwas aus der Bibel vorgelesen wird. Die Geschichten aus der Bibel sind nämlich für uns wie Geschenke, wir hören darin etwas über Gott, wir erfahren von Jesus, der uns zeigen wollte, wie lieb uns Gott hat. So geraten diese wichtigen alten Geschichten nie in Vergessenheit, wenn wir sie einander*

immer weitererzählen! Gemeinsam wollen wir nun feierlich das Evangelium hören, das dann auch bei der Feier der Erstkommunion vorgelesen werden wird.

Die Utensilien zur Nacherzählung des Evangeliums sind bereits auf einem Tisch vorbereitet. Die Kinder schmücken die Mitte mit der Kerze, den Tüchern, den bunten Glasnuggets, der aufgeschlagenen Bibel und den Blumen. Der Korb mit den Gegenständen bleibt noch auf der Seite stehen. Wir beginnen mit einem Kreuzzeichen. Wir singen ein Lied, das dann auch bei der Kommunionfeier gesungen werden wird.
Jedes Kind darf sich nun aus dem Korb 1 – 2 Dinge aussuchen. Die GL liest langsam das Evangelium vor. (Dabei kann sie zur Übung auch auf die Worte hinweisen, die der Priester zur Einleitung sagt, und wir üben die Antworten gleich ein:
Priester: *Der Herr sei mit euch!*
Alle: *Und mit deinem Geiste!*
Priester: *Aus dem hl. Evangelium nach ....*
Alle: *Ehre sei Dir, o Herr!*
Jedes Kind darf seinen Gegenstand oder den Zettel mit dem betreffenden Wort immer dann in die Mitte legen, wenn es in der Geschichte vorkommt, z. B. wenn gelesen wird: „Jesus stieg mit seinen Jüngern auf einen Berg", dann legt ein Kind mit einem grauen Tuch den Berg und drei Kinder stellen ihre Figuren als „Jesus und seine Jünger" darauf ... So entsteht während des Lesens ein Bild dieser Bibelstelle!
Die Abschlussworte werden ebenfalls eingeübt:
Priester: *Evangelium unseres Herrn Jesus Christus!*
Alle: *Lob sei dir, Christus!*
Wir singen noch ein Lied. Zum Abschluss macht die GL jedem Kind ein Kreuz auf die Stirn und spricht dazu: *Jesus segne dich!* oder: *Gott hat dich lieb!*

Nun kann jedes Kind im Kommunionheft die Seite 41 passend zum Evangelium gestalten und eine Szene oder ein Element festhalten, das ihm besonders gefallen hat. Während des Zeichnens kann die GL mit den Kindern über die Geschichte reden. Dabei soll es vor allem um den Aspekt gehen: *Was hat die Menschen in dieser Erzählung froh gemacht?* Die brennende Kerze, die Bibel und der Schmuck können während des Malens in der Tischmitte liegen bleiben.
Am Ende darf sich jedes Kind eins der Glasnuggets aussuchen und als Erinnerung mit nach Hause nehmen!

<u>Falls der Kurs in Einzelstunden durchgeführt wird, ist die Stunde damit abgeschlossen, im Falle von Doppelstunden geht es folgendermaßen weiter</u>:

....

Forscherteams unterwegs

Wir gehen nun in die Kirche. Dort setzen wir uns in die ersten Reihen und beginnen mit einem Lied, das dann auch bei der Kommunionfeier gesungen wird. Viele Kinder waren wohl schon oft in der Pfarrkirche, für manche ist es vielleicht auch das erste Mal. Heute aber haben die Kinder die Gelegenheit, frei in der Kirche herumzugehen und neugierig in alle Ecken zu spähen, auch dort, wo sie sonst nie hindürfen. Dafür nehmen wir uns jetzt Zeit! Entweder zu zweit oder auch alle gemeinsam dürfen die Kinder nun den Kirchenraum, die Seitenkapelle, die Sakristei ... aufsuchen und alles anschauen. Die GL, ein Priester, Pastoralreferent oder hilfsbereite Eltern beantworten dabei die Fragen der Kinder. Es soll jeweils nur um eine kurze Information gehen, die Utensilien für die Messfeier (Kelch, Hostienschale ...) werden heute nicht vorgezeigt und erklärt, dies soll erst in der nächsten Stunde geschehen. Das neugierige Schauen und das Entdecken und Herumgehen nach Herzenslust stehen jetzt im Vordergrund!

Unsere Pfarrkirche

Wenn die größte Neugierde gestillt ist, sammeln wir uns wieder im Kreis (z. B. im Altarraum oder vor den Bänken). In der Mitte liegt ein großes Plakat, auf dem eine Kirche (ev. unsere Pfarrkirche) aufgezeichnet ist. Die GL leitet das Gespräch mit der Erklärung ein, dass sich viele Menschen aus unserer Pfarre gerne hier in der Kirche treffen, um miteinander die hl. Messe zu feiern. Sie fragt die Kinder, was denn alles bei so einer Messfeier miteinander getan wird.
Die Kinder nennen verschiedene Tätigkeiten und schreiben sie in die auf dem Plakat aufgemalte Kirche hinein. Das Aufschreiben kann auch von der GL übernommen werden. Die GL moderiert das Gespräch. Folgende Punkte sollten auf jeden Fall am Ende auf dem Plakat stehen:
„Beten, singen, nachdenken, zuhören, Bibelgeschichten hören, Gott danken, bitten, feiern, essen" (nämlich das heilige Brot!), aber auch Aussagen wie „tanzen, lachen, Freunde treffen, sitzen, stehen, schauen" sollen ihren Platz haben! Wenn wir uns zum Feiern in der Kirche treffen, dann tun wir das, weil Jesus es auch mit seinen Freunden und Freundinnen getan hat. Wir hören immer wieder die Geschichten aus der Bibel, um Jesus besser kennen zu lernen. Darüber werden wir jetzt noch mehr erfahren!

Eine Frohe Botschaft

Wir wollen nun das Evangelium vom „Letzten Abendmahl" hören (aus einer Kinderbibel oder Mk 14,17–25). Dabei sehen wir auch gleich, an welchem Ort in der Kirche das passiert – nämlich am Ambo. Dieser wird nun von den Kindern begutachtet. Wenn das Evangelium vorgelesen wird, dann ist das immer ein besonders feierlicher Moment! Deshalb werden dazu bei jeder Messe Kerzen angezündet.
Als Einstimmung können wir miteinander ein Halleluja singen. Die GL geht dann mit allen Kindern in die Sakristei. Jedes Kind bekommt dort eine Kerze (Teelicht) und ein Kind darf die aufgeschlagene Kinderbibel tragen. In einem feierlichen Zug marschieren wir zum Ambo, die Bibel wird dort abgelegt und die Kinder stellen sich mit den Kerzen im Halbkreis rundherum auf. Die GL liest nun aus der Kinderbibel die Stelle vom „Letzten Abendmahl" vor, das

Vorlesen am Ambo kann auch von den Kindern übernommen werden, indem jeder einen Satz vorliest. Anschließend stellen die Kinder ihre Lichter kreisförmig auf den Altar und alle versammeln sich im Kreis um den Altar.

GL: Wir haben jetzt gehört, dass sich Jesus vor seinem Tod mit seinen Freunden zu einem gemeinsamen Mahl getroffen hat. Immer, wenn wir uns hier in der Kirche versammeln, um miteinander Messe zu feiern, dann hören wir zuerst Geschichten aus der Bibel und dann tun wir das, was schon Jesus getan hat – wir essen gemeinsam das heilige Brot und erinnern uns dabei an dieses Letzte Abendmahl. Wie es dann nach dem Letzten Abendmahl und dem Tod Jesu weitergegangen ist, das werden wir das nächste Mal hören – zum Glück ist ja mit dem Tod Jesu nicht alles vorbei gewesen ...! Auch über den zweiten Teil der hl. Messe – über dieses „Miteinander-Mahl-Halten" – werden wir dann in der nächsten Stunde noch Genaueres erfahren!

Zum Abschluss beten wir ein Gebet miteinander, das Jesus seinen Freunden selbst gezeigt hat: Es ist das Vaterunser. Dazu können die Bewegungen aus dem Kommunionheft (Seite 20 + 21) ausgeführt werden.

Wenn noch Zeit ist, kann das Arbeitsblatt auf Seite 40 ausgefüllt werden, ansonsten kann dies auch zu Hause geschehen. Eine weitere Anregung: Jedes Kind bekommt ein Foto der Pfarrkirche zum Einkleben mit nach Hause. Im Kommunionheft ist auf Seite 45 Platz dafür. Auch eine besondere Einladung an die Familie zum Mitfeiern der nächsten Kindermesse kann beigelegt werden!

Buchtipp:
Das Buch „Messe gestalten. Grundlagen und Anregungen – mit Vorschlägen aus dem Gotteslob", hg. vom Liturgiereferat der Erzdiözese Wien, erklärt übersichtlich und leicht verständlich den Ablauf der hl. Messe.

7. Es ist gut, dass wir da sind – vom Loben!

Themen und Inhalte

– die verschiedenen Dimensionen von „Verwandlung“ spielerisch ausprobieren
– erfahren: auch Menschen können sich verwandeln; etwas in uns kann gewandelt werden, z. B. durch die Begegnung mit anderen Menschen
– die Emmausgeschichte kennen lernen; spüren: „Plötzlich waren die Jünger wie verwandelt!“
– Kelch und Hostienschale bewusst wahrnehmen
– die Eucharistiefeier kennen lernen
– miteinander beten, miteinander essen und trinken und dabei Spaß haben

Material

– eine Papierfaltblume und eine Schale mit Wasser
– ev. eine Papierfaltblume für jedes Kind zum Mitgeben
– Kleider und Gegenstände zum Nachspielen der Emmausgeschichte (Umhänge oder Jacken, Brotscheiben zum tatsächlichen Brechen und Essen, Trinkgefäße, Decken, um sich draufzusetzen)
– die Kinderbibel
– zwei Plakate mit der Aufschrift EUCHARISTIEFEIER und ENTLASSUNG
– Stifte
– Liednoten
– Schlüssel für Kirche und Sakristei
– Kelch und Hostienschale
– Bild von Kindern bei einer Messfeier bzw. Gegenstände für das Gebet in der Kirche (Steine, Glasnuggets)
– Brot und Traubensaft, Geschirr, Tischtuch, Blumen, Tanzlieder

Muster für eine Faltblume:
Am Kopierer 3-fach vergrößern, bunt verzieren und dann jedes Blatt einzeln nach innen falten.

Nacheinander kommen die Kinder zur GL. Sie flüstert dem Kind den Namen einer Tierart ins Ohr. Das Kind verwandelt sich nun in dieses Tier und verhält sich entsprechend: es hüpft, piept, quakt, galoppiert. Die anderen erraten, um welches Tier es sich wohl handelt. (Die Kinder können sich dann auch selber ein Tier ausdenken.)

Eine Verwandlung ...

Wenn wir alle im Sesselkreis sitzen, stellt die GL eine Schale mit Wasser in die Mitte. Sie zeigt den Kindern ein zusammengefaltetes Papier und fordert sie auf, gut hinzusehen, denn dieses Papierstück wird sich jetzt gleich in etwas Schönes verwandeln. Die gefaltete Blume wird nun in die Schale mit Wasser gelegt und entfaltet ihre Blüte!
GL: Beim Spiel zu Beginn haben wir uns in Tiere verwandelt. Jetzt gerade hat sich das Papierstück in eine Blume verwandelt. Heute geht es also darum, dass sich Dinge oder auch Menschen manchmal verwandeln und hinterher ganz anders sind als vorher ...
Die Kinder denken nach, ob sie Dinge kennen, die sich verwandeln. Einige Beispiele:
- ein Tonklumpen wird zu einer schönen Blumenvase
- ein Apfel wird gekocht und in Apfelmus verwandelt
- ein Samenkorn fällt in die Erde und eine Blume wächst daraus hervor
- flüssiger Teig wird zu einem schönen Kuchen
- das Seifenblasenwasser verwandelt sich in eine bunte Seifenblase

Manchmal passiert es auch, dass Menschen sich verwandeln. Die Kinder können kurze Beispiele erzählen, *„Einmal war ich fröhlich, aber dann hab ich mich verwandelt und bin traurig geworden, weil ...“*

Die GL erinnert die Kinder an die Geschichte vom Letzten Abendmahl.
GL: Wir haben in der letzten Stunde gehört, wie sich Jesus mit seinen Freunden zu einem gemeinsamen Mahl getroffen hat. Zuerst waren sie fröhlich, aber dann sind sie traurig geworden, denn sie haben gespürt, dass etwas Schlimmes passieren wird. So ist es dann ja auch gekommen: Jesus wurde verraten und musste sterben. Da waren die Freunde von Jesus sehr, sehr traurig. Zwar hat Jesus ihnen versprochen, dass er nach seinem Tod bei Gott weiterleben wird, aber das konnten sie nicht recht glauben. Nun hören wir, wie es weiterging.

Die Gruppenleiterin erzählt nun frei die Geschichte von den Emmausjüngern nach (Lk 24,13–35). Dabei wird auf die Verwandlung der Jünger besonderes Augenmerk gelegt. Zuerst sind sie traurig und mutlos, aber dann erkennen sie Jesus, der sie begleitet und mit ihnen isst. Da sind sie wie verwandelt, fröhlich und voller neuer Kraft!
Anschließend bekommen die Kinder verschiedene Gegenstände und Kleider. Die Bibelstelle wird nun von den Kindern nachgespielt (eventuell auch mehrmals, damit möglichst viele Kinder drankommen). Die GL achtet darauf, dass vor allem die verschiedenen Gefühle (traurig sein, sich verwandeln, fröhlich sein) während des Spiels deutlich werden. Die Kinder können den Text selber sprechen; falls es hilfreich ist, kann die GL aber auch den Text vorlesen und die Kinder stellen das Geschehen einfach pantomimisch dar.

Wandlung und Verwandlung

Nach dem Spiel versammeln wir uns um den Tisch.

GL: Die Freunde haben Jesus erkannt, als er mit ihnen das Brot geteilt hat und sie mit ihm gegessen und getrunken haben. Plötzlich fühlten sie sich wieder froh. Sie waren wie verwandelt. Die beiden Freunde von Jesus haben gemerkt: Jesus ist ja gar nicht tot. Er lebt. Er ist jetzt mit uns am Tisch. Und er ist bei uns in dem Brot, das er uns gibt. Das hat sie froh gemacht. Das hat ihnen Kraft gegeben. Wenn wir bei der hl. Messe die hl. Kommunion empfangen, dann ist das genau wie damals in Emmaus. Jesus ist bei uns und er kommt zu uns im hl. Brot.

Das heilige Brot essen wir nicht wie ein normales Brot, weil wir Hunger haben. Wir essen es, weil wir ganz nahe mit Jesus verbunden sein wollen. Dieses Brot möchte uns Kraft geben und uns verwandeln. Jesus selbst hat beim Letzten Abendmahl seinen Freunden dieses Brot gegeben und ihnen gesagt: „Dieses Brot ist mein Leib. In diesem Brot bin ich für euch da."

So wie die beiden Freunde von Jesus in Emmaus auf einmal wie verwandelt waren, so möchte uns auch das heilige Brot verwandeln. Denn in der hl. Kommunion kommt Jesus mit seiner Liebe und seiner Kraft zu uns. Jedes Mal, wenn wir dieses Brot essen, möchte uns Jesus verwandeln: Wir werden stark und froh, weil Jesus uns seine Kraft und Liebe schenkt!

Kommunion bedeutet Gemeinschaft. Wenn wir die hl. Kommunion empfangen, was ihr bald schon tun werdet, dann ist Jesus ganz nahe bei uns. Die Erwachsenen trinken bei der Kommunion manchmal auch einen Schluck Wein, wenn ihr dann älter seid, könnt ihr das auch einmal tun.

Wir wollen Gott danken, dass wir durch das heilige Brot ermutigt und gestärkt werden. Das tun wir mit dem Danklied, das dann auch bei der Erstkommunion gesungen wird!

Auf dem Arbeitsblatt im Kommunionheft (Seite 46) sind die Jünger auf ihrem Weg nach Emmaus zu sehen. Die Kinder können nun das mittlere Bild bunt ausmalen und die Geschichte so nochmals nacherleben.

Jesus,
durch die Begegnung mit dir wurden die Freunde verwandelt.
Sie konnten deine Liebe spüren.
Auf einmal hatten sie wieder Mut und Freude.
Danke, dass du mit deiner Liebe und deiner Kraft auch zu uns kommen willst.
Danke, dass du auch uns verwandeln willst
und dass wir deine Freude in unserem Leben spüren können. Amen.

Jedes Kind kann zur Erinnerung eine Faltblume erhalten, die es dann zu Hause in der Familie aufblühen lassen kann.

<u>Falls der Kurs in Einzelstunden durchgeführt wird, ist die Stunde damit abgeschlossen, im Falle von Doppelstunden geht es folgendermaßen weiter</u>:

Die Eucharistiefeier

Zu Beginn des zweiten Teils unserer Kommunionstunde singen wir gemeinsam ein Lied, am besten eines, das dann auch bei der Erstkommunionfeier gesungen wird. Die GL legt am Boden die beiden Plakate aus der vorigen Stunde mit den beiden Messteilen auf: ERÖFFNUNG und WORTGOTTESDIENST. Kurz kann daran erinnert werden, was in der letzten Stunde dazu schon besprochen wurde. Heute kommen zwei neue Plakate dazu, und damit wissen wir dann schon ganz gut, wie so eine Messfeier abläuft: EUCHARISTIEFEIER und ENTLASSUNG. Wieder teilen sich die Kinder auf zwei Gruppen auf. Gemeinsam mit der GL denken sie darüber nach, was in den jeweiligen Teilen der Messfeier passiert. Dann erklären sie sich die Begriffe gegenseitig.

EUCHARISTIEFEIER: Eucharistie bedeutet „Dank sagen". Wir danken dabei Gott für alles, was er uns schenkt. Zunächst werden die Gaben vorbereitet, Brot und Wein. Der Priester spricht ein Gebet darüber. Dann preisen wir Gott, weil er diese Welt und alles, was in ihr lebt, geschaffen hat. Wir singen das „Heilig-Lied". Der Priester segnet Brot und Wein und erinnert an das Letzte Abendmahl. Er spricht das Hochgebet und wir antworten mit dem Vaterunser. Anschließend bitten wir um den Frieden und reichen uns die Hände zum Friedensgruß. Dann begegnen wir Jesus in der hl. Kommunion. In den Gebeten der Eucharistiefeier erinnern wir uns an all das, was Jesus den Menschen Gutes getan hat. Wir freuen uns, dass Jesus in unserer Mitte ist, wenn wir miteinander essen und feiern.

ENTLASSUNG: Das Fest geht nun zu Ende. Aber das, was wir erlebt haben, bleibt nicht in der Kirche, sondern es will uns in den Alltag und in unser Zuhause begleiten. In einem Gebet sagt der Priester Gott noch einmal Dank. Dann bitten wir um den Segen Gottes, damit wir im Alltag als Freunde und Freundinnen Jesu leben können. Zum Schluss singen wir noch ein Lied und der Priester wünscht uns den Frieden.

In der Kirche

Wenn die Räumlichkeiten nicht zu weit auseinander liegen, geht die Gruppe nun in die Kirche. Die GL bzw. der Priester zeigt den Kindern den Kelch und die Hostienschale. Diese sind besonders schön verziert und kostbar, schließlich wird in ihnen das hl. Brot und der hl. Wein, also Leib und Blut Jesu, aufbewahrt.
GL: In Brot und Wein ist Jesus bei uns und für uns da. Wenn wir die hl. Messe miteinander feiern, erinnern wir uns an Jesus. Er selbst hat gesagt: Das Brot ist mein Leib und der Wein ist mein Blut. Wenn immer ihr davon esst, denkt an mich!

Schön, wenn du dabei bist!

Wir stellen uns im Altarraum im Kreis auf. In der Mitte steht auf einem bunten Tuch die Gruppenkerze, daneben liegt ein Bild (Kinder, die bei einer Messfeier um den Altar versammelt sind, o. Ä.)
GL: Es tut uns gut, wenn wir immer wieder miteinander die hl. Messe feiern. Wir freuen uns, dabei Freunde und Freundinnen zu treffen. Jede und jeder ist wichtig, und es ist schön, wenn viele von uns an jedem Sonntag hier in der Kirche zusammenkommen.

Jedes Kind darf nun mit Steinen oder bunten Glasnuggets von seinem Platz aus bis zu dem Bild einen kleinen Weg legen. Das soll zum Ausdruck bringen: *„Ich bin auch eingeladen. Es ist schön, wenn ich am Sonntag mitfeiern kann."* Dann reichen wir einander die Hände und beten oder singen das Vaterunser.

Mahl halten – fröhlich sein

Miteinander essen, trinken, reden, zuhören, singen und fröhlich sein: Das kommt in der hl. Messe vor, aber ebenso schön ist es auch, dies an einem ganz normalen Tag zu tun, z. B. jetzt in der Kommunionstunde! Deshalb setzen wir uns jetzt gemütlich im Gruppenraum zusammen.
Die Mitte oder der Tisch wird mit einem Tischtuch gedeckt, Brot und Traubensaft werden herbeigebracht und wir lassen es uns schmecken! Auch Singen und Tanzen, z. B. ein bewegter, fröhlicher Gruppentanz, kann hier Platz haben! Das Arbeitsblatt im Kommunionheft (Seite 47) kann jetzt oder daheim fertig gestellt werden.

Es ist schön, mit Freunden zu feiern, weil .... !

8. Eucharistie – wir feiern ein Fest!

Themen und Inhalte

- profanes Fest und hl. Messe miteinander vergleichen
- die dazugehörigen Symbole und Gegenstände verstehen
- einander erzählen, wie wir feiern und was uns dabei freut
- etwas basteln, das daheim den Festtisch am Tag der Erstkommunion schmücken wird
- die biblische Geschichte von „Zachäus“ kennen lernen
- Rückblick auf den vergangenen EK-Kurs halten
- Abschied nehmen und einander wiedersehen beim Nachfest!

Material

- Gegenstände, die sowohl bei einer Familienfeier als auch bei der hl. Messe verwendet werden: z. B. Blumensträuße in Vasen, Tischtücher, bunte Kerzen, schöne Teller und Trinkbecher, ein festliches Kleid oder ein Sakko, Liederbücher (keine Kirchenlieder!), ein Geschichtenbuch, kleine Glöckchen, eine Triangel oder eine Trommel, Faschingsgirlanden, eine Duftlampe
- ein Kreuz
- Material für die Bastelarbeit
- ev. eine passende Geschichte zum Vorlesen
- Liednoten
- Gegenstände zum Legen der Zachäus-Geschichte (Tücher, Playmobilfiguren)
- Bastelmaterial für den „Zachäus am Baum“ (Fimo, Naturmaterialien, Pfeifenputzer, Klebstoff)
- grünes, gelbes, rotes Lachgesicht zum Auflegen
- ev. Einladungen für das Nachfest vorbereiten
- ev. Fotoapparat für ein Erinnerungsfoto der Gruppe

Wofür brauchen wir denn das?

Wenn die Kinder in den Raum kommen, sehen sie schon viele Gegenstände, die auf den Tischen, Stühlen oder am Boden liegen. Es sind Dinge, die wir auch zu Hause verwenden. Die Kinder gehen herum und schauen sich alle Dinge genau an.
Anschließend treffen wir uns im Sesselkreis und die GL fragt die Kinder: *„Fällt euch etwas ein, wofür man diese Sachen gebrauchen kann?“* – *„Genau, wir brauchen diese Dinge, wenn wir daheim ein Fest feiern!“*
Nacheinander werden nun die Gegenstände in die Mitte gelegt. Zu jedem Gegenstand können ein oder zwei Kinder von einem Familienfest erzählen, bei dem dieser Gegenstand schon einmal verwendet wurde. Bei manchen Gegenständen wird ihnen vieles einfallen, bei anderen ist es vielleicht schwieriger, dann kann die GL Hilfestellungen und Anregungen geben. Das Geschichtenbuch steht für Geschichten, die bei Festen erzählt werden. Vielleicht gab es einmal ein Gedicht, das für jemanden vorgetragen wurde?

Noch ein Fest!

In die Mitte der Gegenstände werden nun die beiden Plakate aus den vorherigen Stunden zum Aufbau der hl. Messe gelegt. Wir erinnern uns: In der Kirche feiern wir ja auch ein Fest miteinander, nämlich die hl. Messe. Bald schon feiern wir ein ganz besonderes Fest, unsere Erstkommunion!
Die Kinder überlegen nun, welche von den Gegenständen auch in der hl. Messe vorkommen. Welche Bedeutung haben sie dort? Gute, kindgemäße Erklärungen der einzelnen Gegenstände und Symbole der Messfeier finden sich in dem Buch von Petra Pories „Cäcilia Kirchenmaus", das sowohl für Kinder als auch für Eltern und Mitarbeiter/innen sehr empfehlenswert ist!
Manches ist ganz einfach, wie z. B. die Kerzen. Manches ist wiederum schwieriger, z. B. die Duftlampe: Dabei denken wir an den Weihrauch, der unsere Nasen verwöhnen will. Die Glöckchen stehen für die kleinen Glocken, die an wichtigen Stellen der Messe von den Ministrant/inn/en geläutet werden. Märchenbücher symbolisieren die Bibel, auch über das festliche Gewand kann gesprochen werden: Der Priester und die Ministranten tragen ein außergewöhnliches Gewand bei der Messfeier, auch die Kinder werden bei der Feier der Erstkommunion etwas Besonderes anziehen (z. B. Kutten).

GL: Was fehlt jetzt noch bei unseren Gegenständen? Welches Symbol finden wir in jeder Kirche? Es ist das Kreuz. Es erinnert uns ja an Jesus, der vom Tod auferstanden ist. Das Kreuz erinnert uns daran, dass Jesus bei jeder Feier mit dabei ist. Vielleicht gibt es ja Kinder, die daheim ein Kreuz hängen haben? Dann ist das Kreuz als Symbol auch bei einer Feier in der Familie dabei.

Ev. sucht die GL eine passende Geschichte zum Thema „Feste feiern" aus und liest sie vor. Die GL lässt die Kinder erzählen, ob in ihrer Familie schon Pläne geschmiedet werden, wie der Tag der Erstkommunion gefeiert werden soll. Werden viele Freunde eingeladen? Ist ein toller Ausflug geplant? Soll es ein festliches Mahl geben?

Jedes Kind bastelt nun etwas, das den Tisch bei der Familienfeier (oder den Frühstückstisch vor der Erstkommunion) schmücken soll. Z. B.: ein Stoffband als Tischläufer bedrucken oder bemalen; kreisförmige Mandalas bunt bemalen, diese können dann als Glasuntersetzer verwendet werden (dazu sollten sie laminiert werden); Kerzenhalter aus Fimo formen und daheim fertig bemalen; Tischkärtchen für die Familienfeier schreiben und verzieren.

Guter Gott!
Wir freuen uns schon auf unser gemeinsames Fest,
auf das Fest in der Kirche
und auf das Fest daheim mit unseren Familien.
Besonders freue ich mich auf

....
(Jedes Kind kann nun sagen, worauf es sich besonders freut!)
Schenke du uns deinen Segen dazu!
Amen.

Dieses Gebet ist auch im Kommunionheft (Seite 52) abgedruckt. Es kann zu Hause mit Eltern und Geschwistern gemeinsam ausgefüllt werden.

<u>Falls der Kurs in Einzelstunden durchgeführt wird, ist die Stunde damit abgeschlossen, im Falle von Doppelstunden geht es folgendermaßen weiter</u>:

....

Für die letzte Stunde bieten sich verschiedene Möglichkeiten an; je nach Gruppen- und Pfarrsituation soll das Passende ausgewählt werden.
- gemeinsame Feier der hl. Messe: Das empfiehlt sich besonders dann, wenn die Kinder die Messe und ihren Ablauf noch nicht so gut kennen. Dazu können auch die Eltern eingeladen werden.
- die gesamte Stunde wird als Übungsstunde für die Feier der Erstkommunion verwendet
- entsprechend dem folgenden Vorschlag:

Alle sind eingeladen – jeder ist wichtig!

Wir beginnen mit einem Lied, das auch bei der Erstkommunion gesungen wird. Die GL erzählt die Geschichte vom Zöllner Zachäus. Während des Erzählens wird die Geschichte mit Gegenständen und Figuren (Tüchern, Playmobilfiguren) dargestellt.

GL: In der Stadt Jericho lebte ein Zöllner.
Sein Name war Zachäus, und er war sehr klein.
Gestaltung: braune Tücher, kleine Häuser, eine kleine Figur für Zachäus

GL: Zöllner sein, das hieß, dass die Leute, die durch die Stadt wollten, Zachäus Geld geben mussten. Und Zachäus kassierte ordentlich. Er nahm ihnen viel zu viel Geld ab, deshalb wurde er sehr reich.
Gestaltung: Geldmünzen werden zur Zachäusfigur gelegt.

GL: Eines Tages riefen die Leute: „Jesus kommt zu uns!“
Gestaltung: Viele Figuren werden aufgestellt.

GL: Jesus kam in die Stadt und alle Menschen liefen zu ihm hin.
Gestaltung: eine Figur für Jesus, andere Figuren stehen dicht um sie herum.

GL: Zachäus wollte Jesus gerne sehen, aber die Menschen verstellten ihm die Sicht. Und er war ja viel zu klein! Deshalb kletterte er auf einen Baum, um besser zu sehen.
Gestaltung: Die Figur des Zachäus auf einen Baum setzen, dieser kann mit Naturmaterialien dargestellt werden.

GL: Jesus ging an dem Baum vorbei. Die Menschen dachten, dass er Zachäus nicht beachten wird. Aber Jesus schaute geradewegs hinauf zum Baum ...
Gestaltung: Jesusfigur zum Baum stellen, dahinter eine Ansammlung von Menschen darstellen.

GL: Da sagte Jesus: „Komm herunter, Zachäus, ich will dich besuchen und bei dir zu Gast sein. Ich will mit dir essen und trinken.“ Aufgeregt kletterte Zachäus vom Baum und rannte zu seinem Haus.
Gestaltung: Zachäus wird vom Baum zu einem Haus bei den Münzen bewegt. Teller und Becher werden dazugestellt, ebenfalls ein Tisch und Stühle (ev. aus Playmobil).

GL: Jesus ging zu Zachäus und feierte mit ihm.
Gestaltung: Jesusfigur wird zum Haus des Zachäus gestellt.

GL: Die Leute wurden zornig, denn sie mochten Zachäus nicht, und konnten nicht verstehen, dass sich Jesus mit ihm an einen Tisch setzte!
Gestaltung: Eine Anzahl von Menschen wird seitlich von Zachäus und Jesus aufgestellt.

GL: Zachäus aber freute sich so über den Besuch von Jesus. Er war wie verwandelt. Und er merkte, dass er sich falsch verhalten hatte. Er stand auf und teilte sein Vermögen mit den Armen. Er wollte das viele Geld zurückgeben, das er zu Unrecht einkassiert hatte.
Gestaltung: Münzen werden an die Menschen verteilt.

GL: So wurden Zachäus und Jesus gute Freunde. Zachäus wandelte sich dadurch zu einem ehrlichen und guten Menschen. Nun konnte er auch mit anderen Menschen Freundschaft schließen.
Gestaltung: Zachäus bildet mit anderen Menschen einen Kreis.

Im Gespräch wird die Geschichte vertieft und gedeutet. Einige Impulse dazu:
- Zachäus ist am Anfang einer, der anderen schadet. Trotzdem hat Jesus ihn gern, so wie er ist, und er will sein Freund sein.
- Die Freundschaft Jesu verwandelt Zachäus: Plötzlich teilt er mit den Armen.
- Zachäus ist klein – dennoch ist er ein wichtiger Mensch! Auch die Kinder sind klein, dennoch sind sie für Jesus wichtig.
- Jesus lädt alle ein, mit ihm zu essen und zu trinken, auch Menschen, die von anderen nicht so gemocht werden wie z. B. Zachäus.
- Jesus lädt auch dich und mich ein, denn wir sind ihm wichtig.
- Es tut uns gut, wenn wir miteinander Mahl halten und gemeinsam die Sonntagsmesse feiern.
- Alle sind eingeladen, komm, sei auch dabei!

Jedes Kind kann aus Fimo (als Fundament) und Naturmaterialien (Zweige, Blätter, ...) mithilfe von Klebstoff einen Baum basteln. Aus Pfeifenputzern wird ein kleiner Zachäus geformt, der nun im Baum Platz nehmen kann. Dieses Werk dürfen die Kinder zur Erinnerung mit nach Hause nehmen!

Der Rest der Stunde ist dem Rückblick gewidmet. Gemeinsam wird das Kommunionheft durchgeblättert, manches wird nachgelesen und anderen gezeigt. Dabei kommen wir ins Gespräch über vergangene Erlebnisse. Was war uns wichtig? Was hat uns gut gefallen?

Eine andere Möglichkeit: Ein grünes Lachgesicht, ein rotes weinerliches Gesicht, ein gelbes unentschlossenes Gesicht werden auf dem Boden ausgelegt. Die GL (oder die Kinder) nennen nun verschiedene Themen und Erlebnisse des vergangenen Kommunionkurses. Die Kinder stellen sich zu dem Gesicht, das ihre Stimmung und ihre Erfahrungen am besten wiedergibt.

Die GL kann Einladungen zu einem Nachfest vorbereiten und diese an die Kinder verteilen. Sicher möchte jedes Kind nach der Kommunionfeier gerne den anderen erzählen, was es beim Fest Tolles erlebt hat.

Guter Gott!
Wir sind miteinander einen langen Weg gegangen.
Mit dabei waren: .... *(Nun werden die Namen der Kinder aufgezählt)*
Wir haben viel gelernt, viel ausprobiert, gelacht und auch viel Neues erfahren.
Besonders danken wir dir für .... *(Jeder kann etwas aufzählen)*
Jetzt kommt etwas besonders Tolles auf uns zu: Unser Erstkommunionfest!
Darauf freuen wir uns schon alle.
Hilf uns, dass wir weiterhin gute Freunde und Freundinnen bleiben
und miteinander noch viel Schönes erleben. *Amen.*

Zum Abschluss singen wir noch das Schlusslied der Erstkommunionfeier!

Materialien für Familiennachmittage im Rahmen der Kommunionvorbereitung

In vielen Pfarren ist es üblich, die Eltern im Rahmen der Kommunionvorbereitung zu verschiedenen Elternabenden einzuladen. Neben der Erläuterung organisatorischer Fragen bietet sich dabei auch die Chance zur inhaltlichen Vertiefung. Deshalb sollen hier abschließend einige Hinweise und Ideen für die Gestaltung solcher Elternabende angesprochen werden. Zweifellos fällt es heute vielen Eltern oft schwer, mit Kindern über Glauben und Religion zu sprechen und sie behutsam an religiöse Erfahrungen heranzuführen. Denn in der Alltagswelt vieler Familien kommen Glaube und Religion kaum mehr vor. Gleichzeitig wird dies heute von vielen zusehends als Mangel empfunden. Chancen und positive Ressourcen einer spirituellen Erziehung werden neu entdeckt. Denn religiöse Rituale und Glaubenserfahrungen bieten dort, wo sie ohne Zwang eingeübt werden, eine gute Hilfe, um den Reichtum des Lebens zu entdecken:

- Sie vermitteln ein Grundgefühl der Geborgenheit und der Beheimatung;
- sie wollen dazu ermutigen, sich dem Leben und seinen Herausforderungen vertrauensvoll zu stellen;
- sie befähigen dazu, auch in Verlust- und Krisenerfahrungen standzuhalten und sich auf Reifungsprozesse einzulassen;
- sie vermitteln emotionale und soziale Kompetenz.

Der Weg zur praktischen Umsetzung ist freilich mühsam. Selbst wenn Eltern durch die Elternabende wieder neues Interesse an Religion entdecken, fällt es ihnen dennoch schwer, mit ihren Kindern in einer guten Art und Weise darüber zu sprechen. Die hier vorgestellten Impulse für gemeinsame Familiennachmittage mit Eltern und Kindern wollen Hilfestellungen geben und den Boden für ein positives Erleben von Religion öffnen. Die Familien haben hier die Möglichkeit, miteinander und begleitet durch das Kommunion-Vorbereitungsteam in fröhlicher Atmosphäre ein Stück Glauben zu erleben. Durch kreative Impulse, Lieder, Geschichten und gemeinsame Gebete sollen Eltern und Kinder gemeinsam die wesentlichen Themenschwerpunkte der Kommunionvorbereitung konkret erfahren.
Die Vorschläge in diesem Behelf sind als einzelne Bausteine gestaltet. Gerade in diesem Bereich wird es bei der Umsetzung nötig sein, das jeweils Passende auszuwählen. Wir möchten Sie ausdrücklich einladen, weitere eigene Ideen zu entwickeln und die jeweiligen Umsetzungsmöglichkeiten selbst zu erarbeiten.
Wiederholungen oder Anklänge an die Familienanregungen im Kommunionheft wurden bewusst gewählt, in der Hoffnung, dass die Eltern dadurch Lust bekommen, diese Anregungen auch daheim weiterzuführen!

Familiennachmittag zum Thema „Gebet"

Beginn
Die Eltern werden eingeladen, im Sesselkreis Platz zu nehmen. Die Kinder sitzen auf Decken im Inneren des Kreises am Boden. In der Mitte befindet sich eine Kerze, die noch nicht angezündet wurde. Mit Tüchern o. Ä. kann die Mitte einladend und dekorativ gestaltet werden.

Lied
Mit einem gemeinsamen Lied wird dieser Nachmittag eröffnet.

Begrüßung
Die Eltern und Kinder werden begrüßt. Durch das bewusste Anzünden der Kerze wird auch Jesus in unserer Mitte willkommen geheißen. Anschließend können auch die Leiter/innen der jeweiligen Stationen vorgestellt werden.

Einstieg ins Thema

Wir beginnen mit einem Puzzle: Dazu wurden drei Gebete jeweils in einer eigenen Farbe auf ein Plakat geschrieben und anschließend in mehrere Teile zerschnitten. Einige Kinder und Erwachsene dürfen nun jeweils ein Puzzleteil ziehen und versuchen anschließend, die verschiedenen Teile zusammenzusetzen. Am Ende liegen in der Mitte drei Gebete (z. B. das Vaterunser, ein Tischgebet und ein kindgerechtes Morgen- oder Abendgebet).

Gesprächsvorschlag
Es folgt eine kurze Einführung in das Thema. Es wird darauf hingewiesen, dass es an diesem Nachmittag um das Thema „Gebet" gehen soll. Gott will unser Freund sein. Wenn wir ihm erzählen, was uns beschäftigt oder was wir erleben, dann können wir uns ihm besonders nahe fühlen. Was uns freut und was uns Sorgen macht, was wir nicht verstehen und was wir uns wünschen, auch das, was uns traurig macht, alles können wir vor Gott hinlegen. Das nennen wir dann Gebet.
Manchmal sind wir dabei auch einfach nur ganz still und hören hin, ob Gott uns etwas sagen möchte – auch das gehört zum Beten dazu. Hie und da spüren wir dann: Gott ist uns ganz nahe, wie ein guter Freund, wie eine gute Freundin.
Manchmal fällt es uns leicht zu beten und manchmal ist es uns nicht so besonders wichtig. Manchmal entsteht ein Gebet spontan wie ganz von alleine und manchmal wissen wir überhaupt nicht, wie das geht: Beten!
Wir wollen an diesem Nachmittag miteinander dazu einiges erfahren und ausprobieren und deshalb werden die Familien nun eingeladen, miteinander von Station zu Station zu gehen. Bei jeder Station können sie gemeinsam mit einem der GL etwas zum Thema „Beten" erleben.

Ideen für Stationen

(Die Stationen können in beliebiger Reihenfolge passiert werden, nur die 5. Station sollte von allen als letzte besucht werden!)

1. Station:
Das Kind denkt sich etwas aus: *„Das hat mich gestern gefreut!"*
Die Eltern versuchen durch Fragen herauszubekommen, was sich das Kind ausgedacht hat. Das Kind antwortet auf die Fragen nur mit „Ja" bzw. „Nein". Dann wird getauscht und Mutter oder Vater denken sich etwas aus.
Das Ratespiel kann auch noch mit anderen Sätzen gespielt werden: *„Das hat mich gestern geärgert!" „Das wünsche ich mir sehr!"*
Anliegen: Im Gebet wird das eigene Erleben nochmals aufmerksam wahrgenommen, es geht darum, sich Zeit zu nehmen, um auf die eigenen Gefühle zu achten. Die Familienmitglieder werden bei diesem Spiel dazu animiert, das alltägliche Aneinander-vorbei-Leben zu unterbrechen, um den Gefühlen des/r anderen mit mehr Aufmerksamkeit zu begegnen.

2. Station:
In einem Körbchen befinden sich viele Zettel, die mit verschiedenen Tätigkeiten oder Dingen beschriftet sind (Zitronensaft, Wäsche bügeln, schlafen gehen, schwimmen, Urlaub in Italien, ...). In der Stationsecke verteilt liegen drei Smileys: ein lachender, ein skeptischer, ein ärgerlich-ablehnender. Das Kind zieht nun einen Zettel. Dann spricht es seine Vermutung aus, wie sich Vater und Mutter zu dieser Tätigkeit äußern werden, z. B.: *„Mein Papa mag Zitronensaft gar nicht, er wird zu dem ärgerlichen Smiley gehen!"* Daraufhin artikulieren die Eltern ihre tatsächliche Meinung, indem sie zu dem Smiley gehen, der ihren Gefühlen am besten entspricht. Danach zieht die Mutter und rät, wo ihr Mann bzw. das Kind hingehen werden …
Anliegen: Die Familienmitglieder erfahren dabei, wie gut sie einander kennen, und müssen gegebenenfalls Vorurteile revidieren.

3. Station
Die GL leitet bei dieser Station für jeweils 3 – 4 Familien eine Körperwahrnehmungsübung an. Am besten ist es, wenn alle auf Decken am Boden sitzen. Die Familienmitglieder werden eingeladen, sich bequem hinzusetzen, die Augen zu schließen, ihrem Atem nachzuspüren, Hände, Füße, Bauch und Brustkorb bewusst wahrzunehmen und die Hand jeweils an den Bereich zu legen, wo gerade hingespürt wird. Jede/r soll sich nun vorstellen, dass ihm/ihr etwas besonders Schönes gesagt wird, etwas, das ihn/sie freut – und dann soll jede/r die Hand dorthin legen, wo dieses gute Gefühl, diese Freude am Körper spürbar wird. Danach soll sich jede/r vorstellen, dass ihm/ihr etwas Unangenehmes gesagt wird – und wieder soll die Hand dorthin gelegt werden, wo das unangenehme Gefühl am Körper spürbar wird.
Danach öffnen alle wieder die Augen. Jede Familie setzt sich nun zu einer kleinen Gruppe zusammen. Ein Familienmitglied schließt wieder die Augen und die anderen Familienmitglieder sagen ihm etwas gutes, z. B. ein Lob, etwas Liebevolles, einen guten Wunsch … Danach darf das Familienmitglied den anderen erzählen, wie es ihm dabei ergangen ist. Anschließend werden die Rollen getauscht.
Anliegen: Jede/r soll am eigenen Leib erleben: *Wie fühlt es sich an, wenn ich mich freue bzw. wenn ich mich ärgere oder verletzt werde?*

4. Station

Bei dieser Station erhält jede Familie ein weißes A4-Blatt aus Karton. Dieses Blatt soll einen schönen, bunten Rahmen erhalten. Dazu liegen bereits Materialien und Gegenstände bereit: Kartoffeldruck, Ölkreiden, Wasserfarben …

5. Station

Die GL leitet ein kurzes Gespräch mit jeweils einigen Familien an: *Ihr habt nun bei den Stationen voneinander erfahren, was ihr gerne tut, was euch freut, wie sich das jeweils anfühlt. Das sind alles Dinge, die wir jeden Tag erleben. Gott will unser Freund sein und er ist bei uns: Ja, er ist in all dem bei uns, was wir den ganzen Tag über erleben. Wir können ihm erzählen, was uns freut, was uns ärgert und was sonst noch alles passiert in unserem Leben. Wir können ihn auch um Hilfe bitten für das, was wir alleine nicht schaffen. Und wir dürfen ihm danken, für alles, was uns Freude macht.*

Jede Familie wird nun eingeladen, ein eigenes Familiengebet zu formulieren und auf das vorbereitete Papier aus Station 4 zu schreiben. Eventuell kann ein möglicher Gebetstext zur Anregung auf einem an der Wand angebrachten Plakat zu lesen sein (vgl. auch Seite 22 im Kommunionheft). Einige Sätze zur Anregung:

> Guter Gott!
>
> Wir freuen uns, dass wir heute als Familie hier sind.
> Zu unserer Familie gehören ……………………………………………………
> ………… mag es besonders gern, wenn …..
> ………… freut sich sehr über …..
> ………… ärgert sich, wenn …..
> ……….. wünscht sich ……..
> Wir danken dir, dass du uns liebst und als unser Freund bei uns sein willst.
> Manchmal sind wir traurig oder haben Sorgen.
> ……….. ist traurig, weil …..
> ……….. kränkt sich, wenn ……
> ……….. macht sich Sorgen um ………
> Wir wollen einander helfen und einander trösten.
> Wir bitten auch dich, guter Gott, sei bei uns und beschütze unsere Familie.

Kleinere Kinder können sich beteiligen, indem sie etwas auf das Blatt zeichnen! Sobald das Blatt fertig gestaltet ist, legt die Familie ihr Gebet in die Kreismitte zu der brennenden Kerze. Anschließend werden die Eltern in einen eigenen Raum geladen. Einige GL betreuen inzwischen die Kinder. Mit diesen kann in der Zwischenzeit ein neues Lied geübt oder ein Tanz für den gemeinsamen Abschluss geprobt werden. Außerdem können die Kinder den Tisch für die gemeinsame Jause decken, Servietten falten, Kuchen anschneiden …

Element für die Eltern

Vorbereitung
Hier soll Raum sein, dass sich die Eltern persönlich in meditativer Form noch etwas tiefer auf das jeweilige Thema einlassen können. Ein Gespräch ist prinzipiell nicht vorgesehen, kann aber, wenn es passend erscheint, durchaus entstehen. Diese Einheit sollte nur einige Impulse geben und nicht allzu viel Zeit beanspruchen, damit das Miteinander von Eltern und Kindern an diesem Nachmittag nicht zu kurz kommt.
Die Eltern treffen sich im Sesselkreis, in der ansprechend gestalteten Mitte brennt eine Kerze. Rund um die Kerze liegen viele verschiedene Gebete, wenn möglich, sollte es von jedem Gebet 2 Exemplare geben. Bei der Auswahl der Gebete ist zu beachten, dass sie möglichst vielfältige Situationen bzw. Gottesbilder widerspiegeln. (Frauengebete, Bittgebete, Lobpreis, Klage ...)

Stilleübung
Den Eltern wird Gelegenheit geboten, ruhig zu werden. Ähnlich der 3. Station werden sie angeleitet, sich zu entspannen, bewusst den Atem zu spüren, sich selbst – so wie sie jetzt hier sitzen – wahrzunehmen.

Gebet wählen
Die Eltern werden eingeladen, herumzugehen und die am Boden liegenden Gebete zu lesen. Es ist nicht nötig, jedes einzelne Gebet vollständig zu lesen. Jede/r soll sich spontan ansprechen lassen und nur das Gebet, das ihn/sie besonders berührt, intensiver lesen. Dafür nehmen wir uns Zeit, währenddessen kann im Hintergrund leise Meditationsmusik laufen. Dann wählt jede/r ein Gebet aus, das etwas von seinem/ihrem persönlichen Glauben ausdrückt oder das ihn/sie im Herzen berührt hat.

Das hat mich berührt
Jede/r hat nun noch etwas Zeit, das ausgewählte Gebet persönlich zu betrachten. Anschließend wird jede/r aufgefordert, reihum ein Wort oder einen Satz vorzulesen, der ihn/sie besonders berührt hat. Dazu kann auch ein kurzer, persönlicher Gedanke ausgesprochen werden.
Die GL kann nun die Gebete aller zu einem Segensgebet für die Eltern zusammenfassen. Vielleicht ist es auch passend, mit einem gemeinsamen Lied abzuschließen. Das ausgesuchte Gebet kann selbstverständlich nach Hause mitgenommen werden.

Abschluss

Anschließend treffen sich die Eltern wieder mit den Kindern. In der Mitte liegen die verzierten Familiengebete. Einige der Aussagen werden stellvertretend für alle in einem Gebet zusammengefasst. Die GL dankt Eltern und Kindern für ihr Mittun. Jede Familie erhält ein Teelicht (diese wurden ev. zuvor von den GL beklebt und verziert). Diese Teelichter werden nun der Reihe nach an der Kerze in der Mitte entzündet und zu dem jeweiligen Familiengebet gestellt. Miteinander beten alle das Vaterunser. Zum Abschluss kann ein gemeinsames Lied gesungen werden. Falls noch ein Segen ausgesprochen wird, machen die Familienmitglieder sich gegenseitig ein Kreuz auf die Stirn. Mit einer gemeinsamen Jause wird der Nachmittag beendet, das Teelicht und das Familiengebet dürfen natürlich nach Hause mitgenommen werden.

Familiennachmittag zum Thema „Die Beichte – das Sakrament der Versöhnung"

Beginn

Die Eltern werden eingeladen, im Sesselkreis Platz zu nehmen. Die Kinder sitzen auf Decken im Inneren des Kreises am Boden. In der Mitte befindet sich eine Kerze, die noch nicht angezündet wurde. Mit Tüchern o. Ä. kann die Mitte einladend und dekorativ gestaltet werden.

Lied

Mit einem gemeinsamen Lied wird dieser Nachmittag eröffnet.

Begrüßung

Die Eltern und Kinder werden begrüßt. Durch das bewusste Anzünden der Kerze wird auch Jesus in unserer Mitte willkommen geheißen.

Einstieg ins Thema

Wir hören die Bibelerzählung vom barmherzigen Vater (Lk 15,11–32), die im Kommunionheft auf den Seiten 28 + 29 abgedruckt ist. Dazu gibt es mehrere Möglichkeiten:
Die Bibelstelle wird erzählt
Während des Erzählens werden passende Bilder am Boden aufgelegt bzw. die Bibelstelle wird mit kleinen Figuren und Gegenständen vorgestellt (Playmobilfiguren etc.).
Es haben sich schon vor diesem Nachmittag 1–2 Familien bereit erklärt, diese Geschichte als Rollenspiel zu üben und vorzuführen.

Gesprächsvorschlag

Das Thema unseres heutigen Nachmittages ist „Umkehr und Versöhnung". Der Sohn ist von seinem Vater fortgegangen. Aber in der Fremde ist es ihm nicht gut ergangen, er musste Hunger und Not erleiden. Auch der Vater hat seinen Sohn sehr vermisst. Schließlich ist der Sohn draufgekommen, dass er so nicht mehr weiterleben will. Er hat erkannt, dass er einiges falsch gemacht hat. Deshalb ist er umgekehrt und zu seinem Vater zurückgegangen. Er wollte wieder neu anfangen.
Wie der Vater ihn gesehen hat, ist er ihm entgegengelaufen und hat sich sehr gefreut. Sie haben sich miteinander versöhnt und ein großes Freudenfest gefeiert.
Manchmal geht es uns auch so: Wir merken, dass wir etwas falsch gemacht haben. Es geht uns gar nicht mehr gut. Vielleicht haben wir jemanden gekränkt oder es hat Streit gegeben. Auch in der Familie kommt es oft vor, dass wir aufeinander böse sind und uns gegenseitig verletzen. Wir möchten umkehren und wieder neu anfangen. Wenn wir uns dann wieder versöhnen, geht es uns meistens besser als vorher. Manchmal sind wir dann sogar richtig erleichtert!
Gott möchte uns bei diesem Umkehren und Wieder-neu-Anfangen helfen. Wenn wir ihm sagen, was uns bedrückt und was wir falsch gemacht haben, können wir uns auch mit ihm versöhnen und neu beginnen. Wenn wir das öffentlich in einem Gespräch vor dem Priester tun, nennen wir es „Beichte" oder „Sakrament der Versöhnung".

Bald werden die Kinder ihre erste Beichte haben. Daher möchten wir an diesem Nachmittag gemeinsam über das Thema „Versöhnung" nachdenken. Dazu möchten wir euch einladen, wieder von Station zu Station zu gehen.

Ideen für Stationen

(Die Stationen können in beliebiger Reihenfolge passiert werden, nur die 5. Station sollte von allen als letzte besucht werden!)

1. Station
Jede Familie zeichnet gemeinsam eine Szene aus der soeben gehörten Geschichte oder gestaltet aus Zeitungsbildern eine Collage dazu. Anschließend können zu den Personen Sprechblasen oder Gedankenwolken gemalt werden, wo Aussagen und Gedanken der jeweiligen Personen hineingeschrieben werden. Die Szenenbilder der Familien können dann in der entsprechenden Reihenfolge wie ein Comic an der Wand befestigt werden.

2. Station
Der Vater hat sich sehr gefreut, als ihm der Sohn wieder entgegenkam. Er ist gleich auf ihn zugelaufen. Dann haben sie sich fest umarmt. Dieses fröhliche Aufeinanderzulaufen und das Einander-um-den-Hals-Fallen können die Kinder mit ihren Eltern gleich nachspielen. Dabei können sie ausprobieren, wie es sich anfühlt, wenn man sich in die Arme eines anderen fallen lassen kann.

3. Station
Jede Familie malt miteinander zwei Bilder (A3-Karton) zu den Themen:
Wie fühlt sich Streit an? Wie fühlt sich Versöhnung an?
Es können dazu einfach Symbole oder auch nur abstrakt entsprechende Farben gemalt werden. Auch Worte oder kurze Sätze haben Platz (wie Sonnenstrahlen nach dem Gewitter ...).

4. Station
Jeweils einige Familien gehen gemeinsam mit einer GL in die Kirche, um sich über die Beichte vor Ort zu informieren:
– Wo wird die Erstbeichte sein?
– Wie läuft sie ab?
– Wie wird sie gestaltet?

5. Station
Die Familien lesen gemeinsam die Geschichte „Kirtag" aus dem Kommunionheft (Seite 35 + 36). Ein Familienmitglied liest den anderen vor. Anschließend erzählen die Familienmitglieder einander, wo es ihnen ebenfalls schwer gefallen ist, gut zu sein, wo sie mit sich unzufrieden waren, wo sie etwas verpatzt haben oder wo sie etwas getan haben, was ihnen Leid tut. Jedes Familienmitglied schreibt dann auf einen Zettel eine Idee. *„Was möchte ich gerne besser machen?" „Was möchte ich ändern?"* Die Zettel werden in einer großen Schale gesammelt. Am Ende wird die Schale in die Mitte zur Kerze gestellt.
Wenn die Familien alle Stationen passiert haben, werden die Eltern in einen eigenen Raum eingeladen. In der Zwischenzeit gestalten einige GL mit den Kindern ein eigenes Programm.

Element für die Eltern

Die Eltern treffen sich wieder im Sesselkreis.

Einführung
Wir haben in der biblischen Erzählung gehört, wie es dem Sohn ergangen ist. Er ist weggegangen von seinem Vater. Er hat sein Leben gelebt und irgendwann hat er gemerkt, dass er dabei auf einen Irrweg geraten ist. Da hat er gespürt, dass er so nicht mehr weiterkommt, er hatte Sehnsucht danach, umzukehren und wieder die Nähe seines Vaters zu suchen.
Manchmal kommen wir vielleicht auch an Punkte, wo wir spüren: So kommen wir nicht weiter! In einer Beziehung, mit unseren Mitmenschen, in der Berufswelt, in unserer Familie. Wir merken: Es passt nicht mehr. Wir sind unzufrieden oder traurig. Wir haben Sehnsucht danach, umzukehren. Wir suchen nach neuen Wegen. Gott möchte wie der barmherzige Vater in der Geschichte sein: Er geht uns entgegen.

Gehmeditation
Zu leiser Meditationsmusik gehen alle kreuz und quer im Raum herum. Jede/r geht dabei in seinem/ihrem eigenen Tempo. Die GL leitet diese Gehmeditation einfühlsam an. Zwischen den einzelnen Anweisungen sollte ausreichend Zeit gelassen werden!
GL: Während Sie gehen, können Sie nun Ihre Gedanken kommen und wieder gehen lassen. Sie können nachspüren:
– *Wo gibt es in meinem Leben solche Punkte, an denen ich momentan nicht recht weiterkomme?*
– *Welche Situationen belasten mich?*
– *Spüre ich Sehnsucht, wo ich etwas neu beginnen möchte?*
– *Gibt es Menschen in meinem Leben, mit denen ich gerne neu beginnen möchte?*
– *Wie fühlt sich der Gedanke für mich an: aufzuhören, umzukehren und neu zu beginnen?*
– *Spüre oder vertraue ich, dass Gott mir voll Liebe entgegenkommen möchte?*

Gemeinsames Element
Wir kehren in den Sesselkreis zurück. Dort erhält jede/r eine kleine Kerze (Tortenkerzen).
In der Mitte steht eine Schale, die mit Sand gefüllt ist.
GL: Bestimmt sind Ihnen einige Gedanken zu dem Thema „Umkehr und Versöhnung" gekommen. Vor Gott hat alles Platz, die angenehmen, aber auch die unangenehmen Gefühle. Bitte entzünden Sie nun als Zeichen für Ihre Gedanken Ihre Kerze an der großen Kerze und stecken Sie diese in die Schale.
Die GL legt dann stellvertretend für alle in einem kurzen Gebet einige Gedanken vor Gott hin. Sie bittet dabei um Kraft und Mut für die Umkehr und einen guten Neuanfang.

Mögliche weitere Gedanken
Den Eltern können nun noch einige weiterführende Gedanken zum Thema „Versöhnung mit Gott im Sakrament der Beichte" mitgegeben werden. Hier wäre auch Platz für einen kurzen Erfahrungsaustausch der Eltern untereinander: „*Wie habe ich als Kind die Beichte erlebt?*" Ebenso kann der Priester den Eltern erläutern, wie die Erstbeichte ablaufen wird.

Gemeinsamer Abschluss

In der Mitte steht die Schale mit den Gedanken aus der 5. Station. Die GL liest stellvertretend für alle einige Gedanken vor. Sie dankt Gott, dass er uns immer wie ein liebender Vater entgegenkommt und sich mit uns versöhnen möchte.

Versöhnungskerze

Jede Familie erhält nun eine Kerze. Diese wird an der großen Kerze entzündet. Dazu wird den Familien folgender Gedanke mitgegeben:
GL: In jeder Familie gibt es manchmal Streit. Und nicht immer ist es leicht, den ersten Schritt zur Versöhnung zu tun. Da soll euch diese Kerze eine Hilfe sein. Ihr könnt sie anzünden, als Zeichen dafür, dass sich jemand entschuldigen möchte, dass ein Streit zu Ende sein soll, dass ihr wieder neu miteinander anfangen und in Frieden miteinander leben wollt. Ihr könnt diese Kerze auch mit Blattwachs oder besonderen Stiften (Bastelgeschäft) schön verzieren.
Ein Segensgebet und ein gemeinsames Lied beschließen diesen Nachmittag. Abschließend werden noch alle zu einer gemeinsamen Jause eingeladen.

Familiennachmittag zum Thema „Jesus lädt uns ein: Miteinander Mahl halten"

Beginn
Die Eltern werden eingeladen, im Sesselkreis Platz zu nehmen. Die Kinder sitzen auf Decken im Inneren des Kreises am Boden. In der Mitte befindet sich eine Kerze, die noch nicht angezündet wurde. Mit Tüchern o. Ä. kann die Mitte einladend und dekorativ gestaltet werden.

Lied
Mit einem gemeinsamen Lied wird dieser Nachmittag eröffnet.

Begrüßung
Die Eltern und Kinder werden begrüßt. Durch das bewusste Anzünden der Kerze wird auch Jesus in unserer Mitte willkommen geheißen.

Einstieg ins Thema

Zu Beginn soll jede/r ein Namenskärtchen bunt gestalten. Die Kärtchen werden dann so aufgelegt, dass sie einen Kreis um die in der Mitte brennende Kerze bilden.

Gesprächsvorschlag
Der Kreis mit unseren Namenskärtchen zeigt uns, dass wir heute hier eine Gemeinschaft bilden. Jedes Kärtchen schaut anders aus und zeigt damit, wie verschieden wir sind. Aber jeder von uns ist in dieser Runde wichtig und wir freuen uns, dass wir heute hier beisammen sein können. Schon bald werden wir miteinander ein großes Fest feiern: das Fest der Erstkommunion. Dieses Fest werden wir in der Kirche feiern und Jesus wird dabei mitten unter uns sein. Aber nicht nur bei der Feier der Erstkommunion, sondern jedes Mal, wenn wir miteinander in der Kirche zusammenkommen, ist Jesus mitten unter uns.
Einige Kinder erhalten nun Bilder von wichtigen Messelementen. Sie dürfen diese nun reihum in die Mitte legen und die GL erklärt jeweils in kurzen Worten, worum es dabei geht. Einige Beispiele dazu:
- *wir hören die Frohe Botschaft, diese wird uns aus der Bibel vorgelesen*
- *wir beten miteinander, wir bitten, wir danken und wir loben Gott*
- *wir singen Lieder, die unsere Freude ausdrücken*
- *wir essen das heilige Brot, den Leib Christi. Die Erwachsenen trinken auch manchmal heiligen Wein, das Blut Christi. In Brot und Wein ist Jesus ganz nah bei uns und für uns da.*

Jesus hat einmal mit seinen Freunden ein ganz besonderes Mahl gefeiert: das Letzte Abendmahl. Es war das letzte Mal, dass er mit seinen Freunden beisammen war, bevor er sterben musste. Wenn wir uns zum Feiern in der Kirche versammeln, dann denken wir immer auch an dieses Letzte Abendmahl. Wir denken an Jesu Tod und feiern seine Auferstehung.
Es ist schön, wenn viele Menschen am Sonntag in unserer Pfarrkirche zusammenkommen, denn jede/r ist wichtig. Deshalb laden wir euch heute ganz besonders herzlich ein, an den nächsten Sonntagen in die Kirche zu kommen, um miteinander zu feiern. Heute wollen wir wieder an verschiedenen Stationen miteinander über einiges nachdenken. Dabei geht es um das gemeinsame Feiern und das Miteinander-Mahl-Halten.

Ideen für Stationen

1. Station
Anliegen: Wir gehören zusammen – alle Familienmitglieder sind wichtig!
Jede Familie malt auf ein großes Blatt Papier einen Kreis. Nun werden die Gesichter aller Familienmitglieder aufgemalt und die jeweiligen Namen dazugeschrieben. Es können auch Oma, Opa sowie nähere Verwandte (Tante, Onkel) aufgemalt werden.

2. Station
Miteinander singen: Bei dieser Station werden miteinander die Lieder eingeübt, die dann auch bei der Feier der Erstkommunion gesungen werden.

3. Station
Jeweils 3 – 4 Familien gehen gemeinsam in die Kirche. Dort zeigt ihnen der Priester bzw. eine GL die Sakristei, dabei werden auch der Kelch und die Hostienschale betrachtet. Meist sind sie prachtvoll verziert, denn in ihnen wird ja auch etwas Kostbares aufbewahrt, nämlich Leib und Blut Christi.

4. Station
Die Familienmitglieder befragen einander: *„Was gehört für dich zu einer schönen Feier, zu einem tollen Fest dazu?"* Ein Erwachsener notiert alles auf einem Plakat (bzw. kann auch Seite 50 im Kommunionheft dazu gestaltet werden). Anschließend überlegen die Familienmitglieder gemeinsam, ob diese Punkte auch bei der Feier der heiligen Messe vorkommen. Welche Übereinstimmungen und Abweichungen gibt es? Dabei kann die GL Hilfestellungen geben.

5. Station
Jede Familie formt eine oder mehrere kleine Brote aus vorbereitetem Brotteig, eine GL bäckt das Brot fertig. Die GL kann einige Impulse dazu geben:
- *Brot stillt Hunger. Es stärkt uns und gibt Kraft.*
- *Das Brot, das wir bei der hl. Messe essen, stillt den Hunger anders. Es ist ein Ausdruck dafür, dass Jesus bei uns ist. Es ermutigt uns, seinem Beispiel nachzufolgen. Es erinnert uns daran, was im Leben wirklich zählt und echte Nahrung gibt, nämlich Liebe.*

6. Station
Die Familienmitglieder werden eingeladen, ein Tischgebet auszusuchen. Aus mehreren Kärtchen mit vorbereiteten Tischgebeten sucht sich jede Familie eines für zu Hause aus. Es kann auch ein persönliches Gebet formuliert und aufgeschrieben werden.
Impuls für die Teilnehmer: Wir haben genug zu essen und werden jeden Tag satt. Das ist nicht selbstverständlich. Deshalb wollen wir Gott dafür mit einem Tischgebet danken und uns daran erinnern: Wir leben vom Reichtum der Schöpfung und von der Arbeit anderer!

7. Station
Hier können Materialien für das Fest gebastelt werden, z. B. können zur feierlichen Dekoration Tischbänder aus Stoff bedruckt werden.
Wenn die Familien alle Stationen passiert haben, werden die Eltern in einen eigenen Raum eingeladen. In der Zwischenzeit gestalten einige GL mit den Kindern ein eigenes Programm.

Element für die Eltern

In der Einheit für die Eltern soll heute die Bibelstelle von den Emmausjüngern vorgestellt werden (Lk 24,13–35). Ein Vater oder eine Mutter liest die Bibelstelle vor. Eventuell kann auch jeder einen Ausdruck der Bibelstelle bekommen. In einer kurzen Stille ist Gelegenheit, die Worte auf sich wirken zu lassen.

Gedanken für die Eltern

Die Begegnung mit Jesus hat die beiden Emmausjünger verwandelt. Sie waren mutlos, traurig und ängstlich. Dann kam ein Fremder in ihre Mitte. Die Jünger haben ihm alles erzählt, was sie bedrückte. Schließlich haben sie miteinander gegessen und getrunken. Als der Fremde ihnen das Brot reichte, erinnerten sich die Jünger an das Letzte Abendmahl und sie erkannten: Dieser Fremde ist Jesus, der uns nicht allein lässt. Die Begegnung mit Jesus gab den Jüngern Trost. *„Brannte nicht unser Herz"* – dieser Satz fasst die Stimmung der Jünger wohl am besten zusammen. Wenn wir miteinander die heilige Messe feiern, dann lassen auch wir uns auf diese innere Verwandlung ein. In Brot und Wein ist Jesus gegenwärtig. Die Begegnung mit ihm verwandelt Menschen – sie verwandelt auch uns. Wir bekommen neue Kraft für unser Leben, wir werden ermutigt und gestärkt.

Stille

Die Eltern werden nun eingeladen, in Stille ihren Alltag zu betrachten und den folgenden Fragen nachzugehen. Die Fragen können auch auf dem Zettel mit der Bibelstelle abgedruckt sein:
– *Welche Sorgen bedrücken mich gerade?*
– *Was möchte ich vor Jesus hinlegen?*
– *Wo wünsche ich mir, dass etwas in meinem Leben gewandelt wird, damit ich wieder Mut fasse?*
Anschließend kann jede/r ein kurzes persönliches Bittgebet auf einen Zettel schreiben. Diese Gebete werden dann anonym in einer Schale zusammengetragen.

Gebet

Die GL fasst die Bittgebete aller zu einem kurzen gemeinsamen Gebet zusammen oder liest stellvertretend einzelne Bitten vor. Später können auch die Gebete in der Schale im Freien verbrannt werden.

Gemeinsamer Abschluss

GL: Es tut uns gut, zusammenzukommen, um miteinander zu reden, zu singen, zu essen, zu trinken und zu lachen. Das alles tun wir, wenn wir unseren Glauben feiern. Dann ist Jesus mitten unter uns. Auch jetzt ist Jesus hier bei uns, in unserer Gemeinschaft. Unsere Freude und Dankbarkeit darüber wollen wir in einem Lied ausdrücken.
Besonders gut eignet sich hierfür ein schwungvolles Lied, auch ein gemeinsamer Tanz wäre passend.

Tischgebet

Bei der anschließenden Jause gibt es diesmal ein gemeinsames Tischgebet, das die Freude und Dankbarkeit über das schöne Miteinander ausdrückt.

Geschenke zur Erstkommunion

Birgit & Georg Bydlinski /
Leonora Leitl
Miteinander können wir Vieles
Geschichten zur Erstkommunion
Das ideale Begleit- und Geschenkbuch zur Erstkommunion

15 farbigen Abb., gebunden
ISBN 978-3-7022-3490-4
48 Seiten

Angelika Herret
Mein Album zur Erstkommunion
Illustriert von Nina Hammerle
Das farbenfrohe Kreativ-Album rund um das Fest.

durchgehend farbig illustriert
wattiert mit Leinenrücken, gebunden
ISBN 978-3-7022-2865-1
32 Seiten

Lene Mayer-Skumanz
Ein Löffel Honig
Illustriert von Birgitta Heiskel
Ein Buch zur Einstimmung und Vorbereitung auf die Erstkommunion. Julia und Stefan erfahren, was Freundschaft, miteinander teilen, beten, Schuld und Sühne bedeuten. Ein sensibler Kinderroman, der hinter die Oberfläche schaut.

62 farbige Abb., gebunden
ISBN 978-3-7022-3726-4
128 Seiten

Georg Wieghaus / Bruder Lukas Ruegenberg
Die wundersame Zeitreise
Wie Marco und Lukas Jesus begegnen
„Man müsste es selbst gesehen haben", denkt Lukas, als der Pfarrer in der Vorbereitung auf die Erstkommunion von der wundersamen Brotvermehrung erzählt – und plötzlich sind er und sein Freund Marco mittendrin und erleben die Geschichte des Jesus von Nazareth.

durchgehend farbig illustriert, gebunden
ISBN 978-3-7022-3292-4
48 Seiten

TYROLIA

Alle guten Seiten.